아들을 위한 천자문 後

千字文註解

천자문주해

주흥사(周興嗣) 著
조규백(曺圭百) 譯註

백산출판사

序文

『천자문(千字文)』은 1400~1500년 전 중국 남북조시대 양(梁)나라의 주흥사(周興嗣)가 양무제(梁武帝)의 명(命)에 따라 하루 밤새에 지은 1천자로 된 고시(古詩)형태의 사언시(四言詩)이다. 그 구성이 짜임새가 있고 함축된 뜻이 깊고 오묘하다. 이를 짓는데 워낙 고심한 까닭으로, 주흥사는 검었던 머리가 밤새 하얗게 변했다는 전설이 있다. 예로부터 우리나라 사대부집안의 아들이라면 누구나 암송해야 하는 한학(漢學)교육의 입문서가 바로『천자문(千字文)』이다. 첫머리의 "천지현황(天地玄黃)" 곧 '하늘 천, 따 지, 검을 현, 누를 황'을 누구나 익히 알고 있다. 필자도 지금껏 중국학으로서의 한학을 공부하는데 있어 이 책이 필독의 입문서라는 말을 주저하지 않는다.

이『천자문』은 9~10살 학동(學童)이 공부할 때에는 한자의 읽기와 쓰기를 배우는 입문서이다. 그 어린이가 훗날 성장함에 따라 글자 자체의 의미는 물론 외울 당시는 몰랐던 우주와 자연, 그리고 정치, 사회, 역사, 문화 및 올바른 삶의 자세 등 인간사를 두루 언급한『천자문』의 이치를 자연히 깨닫게 되어 각 방면의 무한한 가능성의 열쇠를 보유하게 되는 것이다. 또 50대 한문선생이 공부할 경우, 한학(漢學)의 기초를 튼튼히 하는 교학(教學)의 자료이자 한학의 이치를 푸는 열쇠요, 나아가 하늘과 땅, 그리고 사람의 오묘한 이치를 터득하는 하나의 문화적 코드라 할 수 있다.

『천자문석의(千字文釋義)』(淸, 汪嘯尹 纂輯, 孫謙益 參注) 의하면,『천자문』의 내용은 크게 ① 하늘과 땅과 사람의 도(道), ② 군자의 수신(修身)하는 도,

③ 통치자의 천하경영, ④ 은거하는 선비의 처신과 치가(治家)의 도 등의 4부분으로 나눌 수 있다.

한 구 한 구 전체의 천자문을 검토해 보면 암암리에 전체적인 조화의 세계를 추구하고 있음을 알 수 있다.

나는 20~30대 시절 여러 수준 높은 한학자(漢學者) 선생님들을 모시고 사서오경(四書五經) 등 수많은 중국고전(中國古典)의 원전(原典)을 공부하여 많은 심득(心得)이 있었다. 물론 제대로 모르고 지나간 부분도 제법 있었다. 훗날 저절로 터득하게 된 부분도 있고 강의의 예습을 통해, 연구를 통해 이해한 부분도 있지만. 그래서인지 한학공부에 있어 "서두르지 말고 천천히, 느릴수록 좋다"라는 말은 나의 경험록이다.

이『천자문』의 역주에는 연청(硏靑) 오대영(吳大泳 : 본명 虎泳) 노사(老師)의 강(講)에 힘입은 바가 크다. 오래 전엔 서울 북가좌동 그의 우거(寓居)로, 또 근 몇 년은 방학 중 틈틈이 보은(報恩)의 댁에 가서 중국고전 강(講) 및 시대의 이야기, 선비로서의 삶 이야기 등을 듣곤 했다. 그 가운데는 천자문도 들어있었다. 몇 년 전 그는 89세로 영면(永眠)하셨다. 노사(老師)께 깊이 감사드리며 명복을 빈다.

본서는 청대(淸代)의『천자문석의(千字文釋義)』를 많이 참조하였다. 더불어 단국대출판부에서 영인한 조선시대의 세 가지 판본『광주천자문(光州千字文)』,『석봉천자문(石峰千字文)』,『주해천자문(註解千字文)』도 참조하였다. 특히『주해천자문』은 학술적인 가치가 높은 책으로 옆에 비치하여 보곤 했다.

천자문은 원문 그 자체도 쉽지 않지만 그 주해(註解)는 쉬운 작업은 아니라는 것을 실감한다. 예를 들어 "적심무경(籍甚無竟 : 자심무경이라고도 읽음)" 구의 경우, 그 의미를 터득하고 주석을 달기 위해, 며칠을 고심하고서야 "(바탕에) 깔린 것이 커서 끝이 없으리라"라는 명확한 의미를 알 수 있었다. 내 자신도 역주작업을 통해 학문과 인생 공부(工夫)를 많이 하게 되었다고 자부한다.

나의 아들딸을 위해 중국고전과 천자문에 관한 책을 남겨주는 것은 나의 오랜 희망이었다. 그러던 차에 지난 몇 년간 대학에서 한문을 가르치게 되었고, 천자문도 그 중 하나의 과제가 되었다. 여기서는 어려운 천자문을 가급적 쉽게 풀이하려고 노력하였다.

아들이 늦게서야 빛을 볼 수 있을 거라는 믿음을 아직도 굳게 견지하시며 고향에 계시는 팔순이 넘으신 부모님을 생각하며, 그 믿음을 나의 현실에서 이루어야겠다고 다짐한다.

독자들이 이 책을 차근차근 공부하면서 천자문의 한자(漢字)쓰기도 꾸준히 연습한다면 어느 분야로 나가든 좋은 기초가 될 것을 믿어 마지않는다.

초학자, 초중고생, 대학생, 한문을 기초부터 탄탄히 공부하고자 하는 분, 나아가 한자나 한문을 가르치는 분을 위해서도 도움이 될 수 있도록 했다. 이 역주본을 나의 자녀, 나의 학생, 나아가 이 땅의 모든 아들딸들에게 드린다. 한문실력과 인생의 기초를 닦는 입문서로서, 훗날 그들이 입신양명(立身揚名)하는데 일조하기를 바란다.

부족한 점에 대해선 제현(諸賢)의 질정(叱正)을 부탁드린다.

끝으로 이번에도 흔쾌히 출판해주신 백산출판사 진욱상 사장님, 출판사 관계자들께도 감사드린다.

방배우거(方背寓居)에서

曹圭百 삼가 고쳐 쓰다

2011년 6월 7일

凡例

❀ 본서는『천자문』250구 천자(千字)의 시(詩)에 대한 주해(註解)이다. 전편(前篇) 500자, 후편(後篇) 500자이다.

❀ 후편은「지영진서천자문(智永眞書千字文)」을 저본으로 삼았다. 이를 따르지 않을 경우, 저본에서의 글자를 표기해 놓았다. 그 외에도 여러 판본의 천자문을 참조하여 이본(異本)의 글자는, "어떤 판본에는 某字"로 부기(附記)하였다.

❀ 해석은 원의(原義)에 충실하게 직역하였다. 직역을 기초로 해야 한학(漢學) 실력이 배가된다는 것이 역주자의 오랜 경험론이기 때문이다. 직역만으로는 이해가 불충분할 경우, 직역의 뒷부분에 이해의 편의를 위해 그 보충의미를 부가하여 의역(意譯)하였다.

❀ 훈음(訓音)에 있어, 자의(字義)는 한 글자에 훈(訓)이 여러 개 있는 경우 일반 천자문 책과는 달리, 천자문에서 쓰이는 의미의 훈을 가장 앞으로 배열하는 것을 원칙으로 한다. 자해(字解)에서는 사전류를 많이 참조하였고, 한자(漢字 : 중국어) 훈(訓)의 경우, 청대(淸代)의『천자문석의(千字文釋義)』를 따랐다.

❀ 주해(註解)의 경우, 자의(字義)와 구(句)의 의미를 명확하게 하였다. 청대(淸代)의『천자문석의(千字文釋義)』(汪嘯尹 纂輯), 조선시대 홍성원(洪聖源)

의 『주해천자문(註解千字文)』(성백효 역주와 이충구 역주)을 많이 참조하였다. 관련된 글자나 어구의 경우, 중국의 13경(經), 제자백가(諸子百家), 기타 문사철(文史哲)의 원전(原典), 사전류 등을 풍부하게 인용하여 폭넓게 이해할 수 있도록 했다. 이 경우 각기 여러 번역서의 힘을 입었다. 일일이 출처를 밝히진 않으나 역자들의 높은 뜻을 마음에 새긴다.

❀ 현토(懸吐)에 있어서는 고(故) 연청(硏靑) 오호영(吳虎泳) 선생님과 그 아드님 오규근(吳圭根) 선생님의 토(吐)를 중심으로 했다. 두 분의 토가 상이한 점이 있을 때는 의미상으로 더욱 타당한 것을 택했다.

❀ 절(節)마다 그 핵심을 요약해 일목요연하게 파악할 수 있도록 하였다.

❀ 〈부록〉으로 「지영진서천자문(智永眞書千字文)」, 「안진경해서천자문(顔眞卿楷書千字文)」 2종, 그리고 「구양순행서천자문(歐陽詢行書千字文)」의 원문(原文)을 실어 독자들이 참조할 수 있도록 하였다.

천자문 해제

『천자문』은 중국 남조(南朝)의 뛰어난 인물인 주흥사(周興嗣)에 의해서 만들어졌다. 주흥사(?~521)는 자(字)가 사찬(思纂)으로, 지금의 하남성 항성(項城) 사람이다. 조상은 일찍이 한(漢)나라 태자의 스승을 맡았으며, 가학의 소양이 두터웠다. 주흥사는 당시 문학으로 이름이 나서, 양 무제(梁 武帝) 소연(蕭衍)의 알아줌을 입어, 산기시랑(散騎侍郎)을 제수받고, 왕명을 받아 국사(國史)를 편찬하였으며, 문집 백여 권이 있다.

『천자문』은 원래 주흥사가 조서를 받아 편찬한 것으로 『차운왕희지서천자(次韻王羲之書千字)』이다. 이러한 사실은 『양서(梁書)』에 기록되었지만 간략하였는데, 다행이 송(宋)의 『태평광기(太平廣記)』에 비교적 상세히 기록되어, 『천자문』이 책으로 만들어진 과정을 전해주고 있다.

원래 양 무제는 여러 왕들에게 서법을 가르치기 위해 사람으로 하여금 왕희지(王羲之)의 유묵(遺墨) 가운데 중복되지 않은 일천 개의 글자를 탁본하게 하였다. 매 글자마다 한 장의 종이에 쓰게 하니 어지러이 널리어 차례가 없었기 때문에, 주흥사에게 "그대는 재주가 뛰어나니, 이 천 개의 글자를 사용하여 한 편의 운문을 만들어 달라."고 하였다. 주흥사는 하룻밤에 완성하였는데, 그의 두 살쩍도 그 하루 밤 사이에 모두 하얗게 변했다.

『천자문』은 "천지현황(天地玄黃), 우주홍황(宇宙洪荒)"으로 시작되는데, 하나도 중복되지 않는 천 개의 글자로서 조리가 관통하고 일을 서술함에 차례가 있게 하여, 천문(天文), 박물(博物), 사회, 역사, 윤리, 교육 등 만상을 포괄하는 여러 방면의 지식을 읊고 있다. 또한 구조가 엄정하면서도 간략하고, 문채가 비동(飛動)하며, 대구(對句)가 정제되었으며, 협운(協韻)이 유창하여 사람을 탄복하게 한다. 글자를 알게 하며, 서예를 배우고 문장을 익힐 수 있으며, 또한 견문을 넓히고, 유가의 윤리사상을 계몽시킨, 중국 역사상 종합적 성격의 몽학서(蒙學書)의 첫 번째 작품이다. 후대의 『몽구(蒙求)』, 『삼자경(三字經)』, 『용문편영(龍文鞭影)』, 『제자규(弟子規)』 등 몽학서 시리즈의 체례(體例)와 내용에 깊은 영향을 주었다.

『천자문』은 중국 수(隋)나라 때부터 크게 유행하기 시작하였다. 남조(南朝)의 진(陳)나라의 말기부터 수나라의 초기에 걸쳐, 왕희지의 칠세손(七世孫)인 서법가 지영화상(智永和尙)은 당시 사람들의 요구를 만족시키게 하기 위해 일찍이 『천자문』을 팔백본이나 임모(臨摹)하여 친구들에게 나눠주어, 강남의 각 사원에 한 부씩 간직하도록 하였다. 이로 인해 『천자문』은 널리 전해졌다. 청대(淸代)에 이르러 『천자문』은 이미 가장 광범위하고 가장 오래된 몽학(蒙學)의 교과서가 되었다. 어른이나 어린이나 모두 알게 되었을 뿐 아니라, 문서나 책도 "천지현황(天地玄黃)의 순서에 따라 배열하는 정도까지 되었다. 청(淸)나라 초기의 학자 고염무(顧炎武)는 『천자문』을 "다만 문장으로만 전해진 것이 아니라, 그 내용이 훌륭함으로써 전해졌다(不獨以文傳, 而又以其巧傳)"라고 하여, 세상에 오래도록 전해진 까닭을 밝혀내었다. 주흥사의 『천자문』 뒤에도 당나라의 『범어천자문(梵語千字文)』, 송나라의 『서고천자문(敍古千字文)』, 『속천문(續千文)』, 『중속천문(重續千文)』, 원나라의 『계고천문(稽古千文)』, 명나라의 『광역천문(廣易千文)』, 『정자천문(正字千文)』, 청나라의 『훈몽천자문(訓蒙千字文)』, 『속천자문(續千字文)』 등의 모방적 성격의 작품이 세상에 나왔다. 이것들이 비록 주흥사의 『천자문』과 겨룰 수는 없었지만, 그만큼 주흥사 『천자문』의 영향이 대단함을 엿보게 해 준다.(이상, 李逸安)

여기서 이기문(李基文) 선생의 우리나라 천자문의 특징과 그 판본에 대한 글을 부분적, 요약적으로 인용하여 학술적 뒷받침으로 삼겠다.

『천자문(千字文)』이라면 오늘날도 모르는 사람이 없을 만큼 널리 알려진 책 이름이다. 이 책은 너무나 오랫동안 우리나라에서 가장 대표적인 한문 초독서(初讀書)로 사용되어 왔다. 천자문은 6세기에 중국에서 이루어져 일찍 우리나라에 전해졌고, 백제(百濟)에서 일본(日本)에 전해졌으니, 고대에 이미 널리 보급되었던 흔적이 역력한 것이다. 중국에는 『천자문(千字文)』이란 이름의 책이 하나만은 아니었다지만, 그 중 저명한 것이 6세기에 양무제의 명을 받아 주흥사가 지었다고 전하는 책이다. 이것은 1구가 4자로 250구, 합계 천자(千字)로 된 고시(古詩)이다. 우리나라에 들어와 일반화된 것도 이 천자문이다.

이리하여 과거 천수백년(千數百年) 동안 우리나라에서 이루어진 천자문의 판본(板本)과 사본(寫本)은 헤아릴 수 없을 정도로 많았었음을 짐작하기 어렵지 않다. 문헌의 인멸(湮滅)이 극심한 우리나라이기에 고대(古代)의 것은 말할 것도 없고 근대(近代)의 것들도 오늘날까지 전하는 것이 많지는 않지만, 그래도 흩어진 책들을 애써 모아 본다면 상당한 양(量)에 달할 것이다.

천자문을 각 글자에 석(釋 : 새김)과 음(音)을 달아 읽는 것은 우리나라에서만 볼 수 있는 특이한 관습이다. 이 전통은 자못 오랜 옛날에 성립된 것으로 짐작되지만, 천자문의 현존본(現存本)으로서 석음표기(釋音表記)를 보여주는 것은 16세기 후반 이전으로 거슬러 올라가는 것이 없다.

한자의 석음(釋音) 표기를 가진 천자문으로서 가장 널리 알려져 온 것은 『석봉천자문(石峰千字文)』이었다. 이 책은 여러 차례 판(板)을 거듭하였는데, 우리 주변에서 볼 수 있는 것은 대개 「갑술중간본(甲戌重刊本)」인데, 그 초간본(初刊本)도 1968년 필자(筆者)에 의해 발견(發見), 확인(確認)되었다. 이 무렵 필자는 일본(日本)에서 또 천자문의 한 고본(古本)을 보았는데, 선조(宣祖) 8

년(1575년)에 광주(光州)에서 간행된 것임을 알 수 있다. 이 『광주천자문(光州千字文)』은 『석봉천자문(石峰千字文)』보다도 연대가 오히려 앞선 것이었다.

이제 그때에 얻어온 사진과 마이크로필름으로 이 두 책을 영인(影印)을 통해서나마 우리 학계에 소개할 수 있게 된 것은 필자로서 큰 기쁨이 아닐 수 없다. 이들은 우리의 선인들이 간행한 오랜 천자문이라는 서지학적(書誌學的) 관점에서 뿐 아니라 한자의 석(釋)과 음(音)에 관한 자료로서 그 가치(價値)가 매우 큰 것이다. 그리고 이 기회에 이들보다 연대는 훨씬 뒤지지만, 『주해천자문(註解千字文)』 일책(一冊)을 아울러 영인하기로 하였다. 이것은 19세기 초(初)에 이루어진 천자문의 주해서(註解書)로서 그 당시의 국어자료(國語資料)로서도 중요하지만 하나의 학문적(學問的) 업적으로서도 그 가치가 인정된다."(李基文, 〈(3종의 千字文) 「解題」〉, 『千字文』, 단국대출판부, 279~281쪽)

여기서 부언할 점은 우리나라 백제(百濟)의 왕인(王仁)이 일본에 전해 준 『천자문』은 그 시기가 주흥사의 『천자문』보다 훨씬 이르므로, 그 이전에 나온 다른 판본의 『천자문』임은 분명하다는 것이다.

目 次

제3장 통치자의 천하경영

제4장 은거하는 선비의 처신과 치가(治家)의 도

부록(附錄)

제3장

통치자의 천하경영

64

高冠陪輦하니 驅轂振纓이라

解 釋

높은 관 쓴 이[高冠 : 고관高官]들이 천자의 수레를 모시니 수레를 몰면 (고관의) 갓끈이 진동한다.

意 譯

장수와 재상들이 높은 관모(官帽)를 쓰고 임금의 수레를 모시니 수레바퀴가 굴러 갓끈이 바람을 맞아 나부낀다.

【訓音】

- 高(고) : 높을 고.
- 冠(관) : 갓 관.
- 陪(배) : 모실 배. 侍也.
- 輦(련) : 천자가 타는 수레 련. 天子之車也.

- 驅(구) : 몰 구. 馳之也.
- 轂(곡) : 수레 바퀴통 곡. 車輪.
- 振(진) : 떨칠 진. 動也.

● 纓(영) : 갓끈 영. 冠繫也.

【註解】

▸ "구곡(驅轂)"은 "배련(陪輦)"을 이어서 말하였고, "진영(振纓)"은 "고관(高冠)"을 이어서 말하고 있다.(『千字文釋義』)

✲ 고관의 행차

65

世祿侈富하니 車駕肥輕이라

解 釋

대대로 녹봉(祿俸)을 받아 사치하고 부유하니
수레는 가볍고[경쾌하고] 말은 살쪘다.

【訓音】

- 世(세) : 대 세. 인간 세. 세상 세. '一世'는 30년이다. 일반적으로 사람이 힘차게 활동하는 시기는 대개 30년 정도이므로, '一世'를 30년으로 본다. 아버지와 아들이 서로 잇는 것을 '世'라고 한다(父子相繼爲世).
- 祿(록) : 녹 록. 봉급 록. 俸也.
- 侈(치) : 사치 치. 奢也.
- 富(부) : 부자 부. 재물이 넉넉하다(饒于財也).

【註解】

▸ 이 장상공경(將相公卿)의 자손은 모두 조부(祖父)나 부친의 녹(祿)을 먹고 대대로 이어간다.

【訓音】

- 車(거) : 수레 거.
- 駕(가) : 수레 가. 멍에 메울 가. 『說文』, "말이 멍에 안에 있는 것이다(馬在軛中也)" 멍애 액.
- 肥(비) : 살찔 비. 多肉也.
- 輕(경) : 가벼울 경. 疾也.

【註解】

▸ 비(肥)는 그 말(馬)이 살찜을 말하고, 경(輕)은 그 수레가 가벼움을 말한다.(『千字文釋義』)

▸ 공경장상(公卿將相)의 벼슬에 있는 여러 인재들은 그 봉호(封戶)가 팔현(八縣)이나 되도록 넓고, 그 집안에 제공된 군대가 천병(千兵)이나 되도록 많다. 외출할 때면 수레바퀴를 몰아서, 천자의 수레를 모시고 다닌다. 머리에 높은 갓을 쓰고 수레가 빨리 달릴 때에는 그 갓끈이 진동한다. 그 관복(冠服)의 아름다움이 이와 같다. 자손에 이르러서도 또한 대대로 그 녹(祿)을 먹어 사치하고 부유하다. 살찐 말을 멍에해서 몰고 가벼운 수레를 탄다.(『千字文釋義』)

✲ 고관의 생활

66

策功茂實하니 勒碑刻銘이라

解釋

공(功)을 기록하여 실적을 힘쓰게[성대하게] 하고
비석에 새기고 명문(銘文)을 새긴다.

意譯

공로는 책에 기록하여 그들의 공훈을 위로하고
또 비석을 세워 명문을 새겨서 탁월한 공적을 드러낸다.

【訓音】

- 策(책) : 꾀 책. 계책 책. 대쪽 책. 대쪽에 기록하다. 채찍 책. 謀劃也.
- 功(공) : 공 공. 『說文』, "노고로 나라를 안정시킴을 공이라 한다(以勞定國曰功)"
- 茂(무) : 무성할 무. 盛也. 힘쓰다.
- 實(실) : 열매 실. 명분[名]의 상대적 개념으로, 실지로 그 공이 있음을 말한다(對名而言, 謂實有其功也).

- 勒(륵) : 새길 륵. 刻也. 굴레 륵.

- 碑(비) : 비석 비. 碑, 『說文解字』, "돌을 세워 공덕을 기록한다(竪石以紀功德也)." 竪(수) : 세우다
- 刻(각) : 새길 각. 쪼아 만든다.
- 銘(명) : 새길 명. 금석(金石)에 새기는 글 명. 기록이다(紀也), 『釋名』, "그 공을 기록하여 일컫는 것이다(紀名其功也)." 여기서 銘은 碑銘이다. 공덕을 서술하여 비석에 새기는 글로서, 글 뒷부분에 운문을 지어 찬미하였는데, 대체로 사언시(四言詩)의 형태를 많이 사용한다.

【註解】

▸ 여기서 군영(群英 : 여러 인재들)은 봉급과 지위가 높은 사람만이 아니라, 그 모획(謀劃)한 바가 실로 나라를 안정시킨 공이 있어, 비석에 새기고 명문(銘文)에 새긴 것이니 아래 글의 여러 인물이 이에 해당한다. 이하 4구절은 또한 위의 군영(群英)을 이어, 그 여러 사람을 들어 실증하고 있다. (『千字文釋義』)

＊ 공신(功臣)들의 공적을 비명(碑銘)에 새김

67

磻溪伊尹은 佐時阿衡이라

解 釋

반계(磻溪)에서 낚시질하던 (주周나라의) 강태공[呂尚]과 상(商)나라의 이윤(伊尹) 이 두 분은 시대를 도운 아형[재상宰相]이라.

意 譯

이윤과 여상(呂尚)은
임금을 보좌한 명재상이라.

【訓音】

- 磻(반) : 강 이름 반. 시내 이름 반.
- 溪(계) : 시내 계.
- 伊(이) : 성 이. 저 이.
- 尹(윤) : 맏 윤. 다스릴 윤. 이윤(伊尹)의 자(字)가 윤(尹)이다.

【註解】

▸ 磻溪(반계) : 여기서는 강태공(姜太公) 여상(呂尚)을 가리킨다. 섬서성을

동남으로 흘러 위수(渭水)로 들어가는 강. 강태공(姜太公 : 태공망太公望)이 낚시질하던 시내. 지금의 섬서성 봉상부(鳳翔府) 보계현(寶鷄縣) 동남쪽에 있는데, 가까이에 태공석실(太公石室)이 있다.

▸ 姜太公(강태공) : 여상(呂尙). 주(周)나라의 개국공신. 사상보(師尙父). 주나라 초(初)의 현신(賢臣), 본래의 성(姓)은 강(姜)이고 여(呂)는 선조가 봉지(封地)를 받은 땅이 여(呂)이므로 나중의 성(姓)이다(일설에는, 姓은 姜, 氏는 呂라고도 한다). 이름이 상(尙)이다. 태공망(太公望), 강태공(姜太公), 강상(姜尙)이라고도 한다.

그는 나이 칠순(당시 太公은 나이가 72세였다고 한다)에 낚시를 드리우며 때를 기다리다 주문왕(周文王)에게 발탁되었다. 병법의 이론에 밝아 문왕(文王)은 그가 조부(祖父)인 '태공(太公)이 항시 바라던 인물(太公望)'이라고 하였다. 문왕의 사후에 무왕(武王)을 도와 목야(牧野)의 전투에서 은나라 주왕(紂王)의 군대를 물리치고 주나라를 세우는데 큰 공을 세웠다.

사상보(師尙父 : 강태공)는 '사(師)인 상보(尙父)'(尙은 이름, 보父는 연장자에 대한 경칭)의 의미로, 주 무왕(周 武王)을 보좌하였는데, 공이 있어 사상보(師尙父)로 존칭되었다. 주 성왕(周 成王)때 제(齊)나라에 봉해져 제나라의 시조가 되었다. 후세 사람이 그의 이름을 빌려『육도(六韜)』를 지었다고 한다.

▸ 태공은 성이 강(姜)이고 이름이 자아(子牙)이다. 기주(冀州 : 오늘날 하북성과 산서성을 아우르는 지역) 출신이다. 천성적으로 경서 배우기를 좋아했고 성격은 소박하고 솔직했다. 은나라 말기 커다란 혼란을 만나서 생계가 어느 것 하나 뜻대로 되지 않았다.

예컨대 시장에서 국수를 팔면 그날따라 세찬 바람이 부는 날씨를 만나고, 소를 잡으면 그 무렵에 푹푹 찌는 날씨를 만났다. 마시는 것을 팔 때는 날씨가 서늘해지고 밥을 해서 팔 때는 그해에 풍년이 들었다. 무엇을 해도 잘되는 때가 없었다. 그렇게 되자 아내 마씨(馬氏)는 마침내 태공에게서 떠나버렸다.

자아는 서쪽 주나라에 성인(聖人)이 있다는 소문을 듣고서, 드디어 살던 곳을 떠나 서쪽으로 길을 떠났다. 반계 계곡에 이르러 물고기를 낚으면서 살았다.

주나라의 문왕이 사냥을 나왔을 때, 우연히 그 모습을 보고서 물었다. "낚시 바늘을 물에 던지면서 왜 낚시 바늘을 곧게 펴서 합니까? 그러면 어떻게 물고기를 낚을 수 있죠?" 자아가 대답했다. "천명에 거스리는 물고기를 낚으려고 합니다." 왕이 "노인장, 여기서 낚시를 한 지 얼마나 되었습니까?"라고 묻자, "지금까지 한 1년 정도 지났습니다."라고 대답했다.

또 "자제분들이 어떻게 됩니까?"라고 물으니, "아내도 자식도 없습니다. 아내와 자식이 없는 것은 걱정이 되지 않지만 나라에 참다운 왕이 없는 것이 걱정이 됩니다."라고 대답했다. 문왕이 말했다. "지금 주(紂)왕께서 계시오. 어떻게 왕이 없다고 걱정하십니까?" 자아가 말했다. "주(紂)왕은 참으로 무도한 왕일 뿐입니다."

문왕은 그가 현인인 것을 알고 수레에 동승해서 도성으로 돌아가다 기주(岐州 : 지금의 섬서성 봉상현鳳翔縣)에 이르러 그를 환단공(桓檀公)으로 분봉했다.

문왕이 죽은 뒤 무왕이 즉위하고서 태공을 사(師)로 높이고 주왕을 정벌할 때 선봉으로 삼았다. 무왕은 그를 상보(尙父)라고 불렀다. 천하를 손에 넣고서 그를 제후로 분봉했다.

태공이 제의 국경에 도착했을 때 나이 든 한 여인이 길을 가면서 전 남편을 생각하고 울고 있는 것을 보았다. 태공이 물었다. "전 남편이 누구요?" 여인이 대답하길 "성은 강이고 이름은 자아입니다."라고 하자, 태공이 말했다. "내가 바로 그 사람이오." 여인이 기뻐하며 "다시 전처럼 부부가 될 수 있을까요?"라고 묻자, 태공이 말했다. "당신이 어디 가서 물을 한 잔 떠 오시오."

여인이 물을 가지고 돌아오자, 태공이 잔을 기울여 땅위에 흐르도록 했다가 다시금 물을 주워 담으라고 했다. 여인이 대답했다. "물은 이미 땅속으로 스며들었으니 다시 주워 담기 어렵습니다." 태공이 말했다. "애정이 있던 사이도 한 번 헤어지면 두 번 다시 합칠 수 없다오. 이 물과 같소."

그대로 태고(太鼓)를 치며 태공은 그 자리를 떠나갔다.(以上, 李暹 注, 오가와 다마키(小川環樹), 기다 아키요시(本田章義) 註解, 신정근 譯, 『世上을 삼킨 千字文』, 심산출판사, 2009. 1. 以下 신정근 역, 『세상을 삼킨 천자문』으로 약칭함)

▸ 伊尹(이윤) : 이름은 이(伊). 윤(尹)은 관직명인데, 자(字)라고도 한다. 상(商)나라의 개국공신이며 명재상이다. 그는 원래 노예출신인데, 탕왕(湯王)을 보좌하여 하(夏)나라의 걸왕(桀王)을 멸망시키고 선정(善政)을 베풀었다. 탕왕이 죽은 이후에도 계속 복병(卜丙), 중임(仲壬) 두 왕을 보좌한 상나라 초기의 중신(重臣)이다.

【訓音】

- 佐(좌) : 도울 좌. 輔也.
- 時(시) : 때 시. 시대. 世也.
- 阿(아) : 남을 부를 때, 친밀감을 나타내는 접두사. 의지하다(倚也). 언덕 아.
- 衡(형) : 저울 형. 공평하다(平也).

【註解】

▸ 佐時(좌시) : 시대를 돕다.

▸ 阿衡(아형) : 상(商)나라의 관명(官名)으로 재상에 해당하는데, 이윤(伊尹)이 맡아 국가 정치를 총괄하였다. 천하가 그에게 힘입어 평화롭게 다스려진 것을 말한다. 후에 "아형"은 제왕을 보좌하여 국정(國政)을 주재함을 가리킨다.

『詩經 · 商頌 · 長發』, "진실로 천자[탕왕湯王]께 경사(卿士)를 내려 주시니, 진실로 아형[伊尹]이 상왕(商王)을 좌우에서 도왔도다(允也天子, 降于卿士, 實維阿衡, 實左右商王)."

▸ 상(商)나라는 후에 은(殷)으로 국명을 바꾸었다.

▸ 시대상으로는 상(商)나라의 이윤(伊尹)이 주(周)나라의 강태공(姜太公)보다 앞서지만 운(韻)을 맞추기 위해 이렇게 쓰여졌다.

＊ 강태공(姜太公)과 이윤(伊尹) – 상나라와 주나라의 명 재상

68

奄宅曲阜하니 微旦孰營가

解 釋

문득 곡부(曲阜)에다 터를 잡았으니
주공 단(旦)이 아니면 누가 경영했으랴.

意 譯

문득 곡부(曲阜)에 거주하니,
주공 단(周公 旦)이 아니라면 누가 (이 노(魯)나라의 봉지(封地)를) 경영할 수 있었겠는가.

【訓音】

- 奄(엄) : 문득, 갑자기 엄. 오랠 엄. 久也. 취할 엄. 取也.
- 宅(택) : 집 택. 居也. 거주하다.
- 曲(곡) : 굽을 곡.
- 阜(부) : 언덕 부.

【註解】

▶ 奄宅(엄택) : '奄'에는 여러 설이 있다. '宅'은 개척하여 거주하다는 의미이다.

1. 문득 터를 잡다. 여기서 劉宏毅는 "엄"에는 단번에[一下子], 돌연지간에[突然之間]의 의미가 있다고 했다.
2. 오랫동안 집을 정하다. 오랫동안 터를 닦다. 오랫동안 통치하다. 장기간 안정되다. 여기서 '엄'은 오래다[久]의 의미이다. 陸機, 「答賈謐」, "온 나라의 땅을 오랫동안 통치하다(奄宅率土)."
3. 『千字文釋義』에서는, '奄'을 '취하다[取]'의 뜻으로 보아, "곡부를 취하여 터를 닦으니, 주공 단이 아니면 누가 이 노나라의 봉지를 만들 수 있었겠는가"라고 해석하고 있다.
4. "엄(奄)"을 서주(西周)시대에 산동 곡부(曲阜) 동쪽에 있던 나라 이름으로 본다.(李逸安) 이 경우, 그 의미는 "노나라의 수도 곡부는 옛 엄나라의 땅위에 세워졌으니, 만약 주공 단이 아니라면 누가 노나라를 경영하여 이렇게 이룰 수 있었겠는가"가 된다.

▸ 『詩經 · 大雅 · 皇矣』, "복을 받아 상실함이 없이, 곧 사방을 소유하셨도다(受祿無喪, 奄有四方)."
▸ 『詩經 · 大雅 · 韓奕』, "문득 북쪽 나라를 받아서, 인하여 그 패자가 되니(奄受北國, 因以其伯)."
▸ 『周頌 · 執競』, "저 성왕 강왕으로부터, 곧 사방을 소유하다(自彼成康, 奄有四方)."
▸ 曲阜(곡부) : 지명. 지금의 산동성에 속한다. 주공(周公)이 봉(封)해진 땅으로, 노(魯)나라이다. 주 무왕은 주공 단을 곡부에 봉했는데, 주공은 무왕(武王)을 보좌하기 위해 봉지에 나아가지 않았다. 성왕(成王) 때에 주공은 아들 백금(伯禽)을 대신 봉지로 부임시켜 노나라를 세우고 곡부를 도읍으로 삼았다.

【訓音】

- 微(미) : 아닐 미. 無也. 작을, 적을, 가늘 미.
- 旦(단) : 아침 단. 여기서는 주공(周公)의 이름이다.
- 孰(숙) : 누구 숙. 誰也.
- 營(영) : 경영할 영. 다스릴 영. 造也.

【註解】

▸ 周公 旦(주공 단) : 주 문왕(周 文王)의 아들, 무왕(武王)의 아우. 이름은 단(旦). 문왕, 무왕을 도와 주(紂)를 치고, 성왕(成王)을 도와 왕실의 기초를 세우고 제도와 예악(禮樂)을 정하여 주(周) 문화의 발전에 이바지한 바가 크다.

『論語 · 述而』, “공자가 말했다. ‘심하도다, 나의 쇠함이여! 오래되었도다, 내 다시는 꿈속에서 주공을 뵙지 못하였다’(子曰, 甚矣吾衰也! 久矣吾不復夢見周公!)”

＊ 주공(周公)의 국가경영

69

桓公匡合하여 濟弱扶傾이라

解釋

제 환공(齊 桓公)은 (관중의 도움을 받아 천하제후를)
바로잡고 규합하여
약한 자를 구제하고 기우는 나라를 붙들어 주었네.

意譯

제 환공은 제후를 회맹하여 천하를 바르게 하였으니
약한 나라를 도와주고 기우는 나라를 붙들어 준 것은
관중에게 힘입었다.

【訓音】

- 桓(환) : 굳을 환.
- 公(공) : 귀인 공. 공변될 공. 공평할 공.
- 匡(광) : 바로 잡을 광. 바로잡는다는 뜻이니, 천하의 어지러움을 바로잡음이다(正也, 正天下之亂也).
- 合(합) : 합할 합. 제후를 규합함이다(合諸侯也).

【註解】

▶ 桓公(환공) : 제 환공(齊 桓公). 춘추시대 제나라의 15대 임금. 명재상인 관중(管仲)의 도움으로 춘추오패(春秋五霸)의 제1인자가 되었다. 이름은 소백(小白). 『謚法』, "토지를 개척하여 먼 곳을 복종시키는 것을 환(桓)이라 한다(辟土服遠曰桓)."

管仲(관중) : (B.C. ?~B.C. 645) 춘추시대 제(齊)나라의 현상(賢相). 이름은 이오(夷吾), 자(字)는 중(仲). 환공(桓公)을 섬겨 부국강병에 힘쓰고 제후를 규합하여 환공으로 하여금 오패(五霸)의 으뜸이 되게 하였다.

▶ 管鮑之交(관포지교) : 관중(管仲)과 포숙아(鮑叔牙)의 사귐이란 뜻으로 친밀한 교제를 이르는 말.

▶ 『論語 · 憲問』, "공자가 말했다. '환공이 제후들을 규합하되, 무력을 쓰지 않은 것은 관중의 힘이었으니, 누가 그의 仁만 하겠는가?'(子曰, 桓公九合諸侯, 不以兵車, 管仲之力也. 如其仁, 如其仁.)"

『論語 · 憲問』, "공자가 말했다. '관중이 환공을 도와 제후의 패자가 되어 한 번 천하를 바로잡아, 백성들이 지금까지 그 혜택을 받고 있으니, 관중이 없었다면 나[우리]는 머리를 풀고 옷깃을 왼쪽으로 하는 오랑캐가 되었을 것이다'(子曰, 管仲相桓公, 霸諸侯, 一匡天下, 民到于今受其賜. 微管仲, 吾其被髮左衽矣)".

五霸(오패) : 중국 춘추시대에 가장 강대하여 한때의 패업을 이룬 다섯 사람의 제후(諸侯). 제 환공(齊 桓公), 진 문공(晉 文公), 진 목공(秦 穆公), 송 양공(宋 襄公), 초 장왕(楚 莊王).

【訓音】

- 濟(제) : 구제할 제. 건질 제. 건널 제. 많고 성할 제. 救也.
- 弱(약) : 약할 약. 병력이 적은 것이다(兵力少也).
- 扶(부) : 붙들 부. 도울 부. 부축할 부. 유지하다(持也).
- 傾(경) : 기울 경. 위태롭다(危也).

【註解】

▶ 제후 가운데 약자를 구제해 주고 위태로운 자를 유지시켜 주었다.

＊ 제 환공(齊 桓公)의 위업

70

綺廻漢惠요 說感武丁이라

解 釋

기리계(綺里季) 등 상산사호(商山四皓)는 한 혜제(漢 惠帝)를 (태자로) 돌려놓았고
부열(傅說)은 (꿈속에서 상商나라의 어진 임금인) 고종(高宗) 무정(武丁)을 감동시켰다.

意 譯

기리계 등의 상산사호는 한 혜제(漢 惠帝)가 태자(太子)였을 때 태자를 폐할 위기에서 한 혜제를 태자의 원위치로 돌려놓았고
부열(傅說)은 형도(刑徒)로 있을 때 상(商)나라의 어진 임금인 무정(武丁)의 꿈속에 나타났고 그 이후 발탁되어 무정을 감동시켰다.

【訓音】

- 綺(기) : 비단 기.
- 廻(회) : 돌 회. 돌이킬 회. 還也. 어떤 판본에는 "回".
- 漢(한) : 나라 한. 한수 한. 유방(劉邦)이 세운 왕조의 이름. (B.C. 202~A.D. 219)
- 惠(혜) : 은혜 혜.

【註解】

▶ 商山四皓(상산사호) : 진말 한초(秦末 漢初) 때 세상의 어지러움을 피하여 상산(商山 : 섬서성 상현商縣의 동쪽에 있는 산)에 숨은 동원공(東園公), 하황공(夏黃公), 녹리선생(甪里先生), 기리계(綺里季) 네 사람의 백발노인을 이르는 말. 그들은 한 고조가 불렀으나 가지 않았다.

한 혜제(漢 惠帝)가 태자시절 성격이 유약하여, 한 고조는 조왕(趙王) 여의(如意)로 바꾸려고 했다. 장차 폐(廢)해질 위기에, 장량(張良)의 진언(進言)에 의해 상산사호(商山四皓)의 도움을 받아, 그는 태자의 직위를 보존하여 결국 제위(帝位)에 오를 수가 있었다. 『시법(諡法)』에, "바탕이 유연하고 백성을 사랑함을 혜(惠)라 한다(柔質慈民曰惠)."

▶ "기(綺)는 기리계(綺里季)니, 상산사호의 한 사람이다. 한 고조(漢 高祖)가 장차 태자(太子 : 훗날의 혜제)를 폐위하려 하였는데, 상산사호가 태자와 함께 노닐어 우익(羽翼 : 보좌인)이 됨으로써 한 혜제(漢 惠帝)로 하여금 태자의 자리를 편안히 하도록 만들었다."(『註解千字文』)

▶ 여기서는 기리계 한 사람을 대표로 들어 상산사호(商山四皓) 네 사람을 가리켰다.

【訓音】

- 說(열) : 기쁠 열. = 悅. 말씀 설.
- 感(감) : 느낄 감. 감동할 감. 格也.
- 武(무) : 호반 무.
- 丁(정) : 장정 정.

【註解】

▸ "열(說)은 부열(傅說)이다. 상(商 : 후에 은(殷)나라로 명칭을 바꿈)나라 고종(高宗) 때의 현상(賢相). 부열은 부암(傅巖)의 들에서 담을 쌓고 있었는데, 상(商)나라의 왕 무정(武丁)이 꿈속에 상제(上帝)가 훌륭한 보필을 주시므로, 그 얼굴을 그려 천하에 널리 찾아 정승으로 세우니, 이는 부열이 무정을 꿈속에 감동시킨 것이다."(『註解千字文』) '열(說)'은 '열(悅)'과 같은 자(字)이다.

▸ 武丁(무정) : 상(商)나라의 현군(賢君)으로, 꿈속에서 상제(上帝)를 만났는데, 상제가 좋은 보필(輔弼 : 재상)을 주었다. 무정이 깨어나서 그 모습을 그려 천하에 찾으니, 부암(傅巖)의 들에서 부열을 만났다. 그 부열의 모습이 꿈속에서와 똑같아 그를 재상으로 삼았다. 이에 상(商)나라가 중흥(中興)하였다.

▸ 시대적으로 상산사호보다 부열이 이르나 운(韻)을 맞추기 위해 도치되었다.

＊ 상산사호(商山四皓)와 부열(傅說)

71

俊乂密勿하니 多士寔寧이라

解 釋

준수한 선비들이 치밀하게 의논하니
(그 조정에서 일하는) 많은 선비들이 (믿어 사직社稷이) 진실로 편하여졌다.

【訓音】

- 俊(준) : 준걸 준. 千人之英.
- 乂(예) : 어질 예. 어진 이 예. 百人之英. 유능한 사람. 준재.
- 密(밀) : 빽빽할 밀. 비밀할 밀.
- 勿(물) : 부지런히 힘쓰는 모양. 말 물.

【註解】

- ▸ 俊乂(준예) : 어질고 덕이 있는 사람. 훌륭한 사람.
- ▸ 『書經 · 皐陶謨』, "유능한 선비가 관직에 있다(俊乂在官)."
- ▸ 密勿(밀물) : 신중하고 치밀하다. 힘써 일에 종사하다. 큰일을 경영하는 것. 계획을 치밀하게 짜다. 근면하게 노력하다. 힘쓰다. 노력하다. 黽勉之意.

쌍성연면어(雙聲連綿語)이다. 연면어란 두 음절이 모여 하나의 의미 단위를 이루는 어절을 말한다. 즉 두 글자이지만 뜻은 하나인 경우이다. 성(聲)이 같은 것을 쌍성이라 한다.(임동석)

『詩經 · 小雅 · 十月之交』, "힘써 일에 종사하여, 감히 수고로움을 말하지 못하노라(黽勉從事, 不敢告勞)."

『漢書 · 劉向傳』, "힘써 일에 종사하다(密勿從事)."

【訓音】

- 多(다) : 많을 다. 衆也.
- 士(사) : 선비 사. 『漢書 · 藝文志』, "학문을 하여 지위에 있는 자를 사(士)라고 한다(學以居位曰士)."
- 寔(식) : 참으로 식. 진실로 식. 이 식.
- 寧(녕) : 편안할 녕. 安也.

【註解】

- ▸『詩經 · 大雅 · 文王』, "수많은 훌륭한 선비가 있어, 문왕이 이들 때문에 나라를 편안히 했다(濟濟多士, 文王以寧)."
- ▸ 濟濟多士 : 수많은 훌륭한 인재.
- ▸ 寔(식) : 1. 진실로. 2. 이에. 『千字文釋義』에서는 '이에', '이들로 해서'라고 해석하고 있다.
- ▸ 이상에서 여러 인재들의 공을 기록한 것을 말하였는데, 예를 들면 다음과 같다. 강태공(姜太公)과 이윤(伊尹)은 세상을 도와 잘 다스린 공이 있고, 주공(周公)은 주 성왕(周成王)을 보좌하여 노나라에 봉(封)해진 공이 있으며, 제환공은 약한 자를 구제하고 기울어진 것을 부축해준 공이 있고,

상산사호(商山四皓)는 (장량張良의 건의에 따라) 태자를 유임시킨 공이 있고, 부열(傅說)은 상(商)나라를 중흥시킨 공이 있다.

이는 모두 천 사람 가운데의 준걸이요, 백 사람 가운데의 영걸이며, 이들이 힘써 다스렸으니, 임금은 이러한 여러 선비를 의지해 편안하게 되었다.(『千字文釋義』)

* 수많은 훌륭한 인재들

72

晉楚更覇요 趙魏困橫이라

解 釋

(춘추시대에) 진(晉)나라와 초(楚)나라는 번갈아 패권을 잡았고 (전국시대에) 조(趙)나라와 위(魏)나라 등 6국(國)은 연횡설(連橫說)에 곤욕을 당했다.

意 譯

춘추시대에 진 문공 초 장왕은 전후하여 패권을 잡았고
전국시대에 조나라와 위나라는 연횡설에 곤욕을 당해 진나라에 멸망당했다.

【訓音】

- 晉(진) : 나라이름 진. '진(晋)'은 속자(俗字). 춘추시대에 지금의 산서성 부근에 있었던 나라.
- 楚(초) : 초나라 초. 춘추전국시대에 양자강 중류 일대를 차지했던 나라. 41대 만에 진(秦)에게 멸망됨.(B.C.?~B.C. 233)
- 更(경) : 바꿀 경. 교대할 경. 대신할 경. 번갈아. 代也. 고칠 경. 시각 경. 다시 갱.
- 覇(패) : 으뜸 패. 우두머리 패. 諸侯之長.

【註解】

▸ 오패(五覇)는 제 환공(齊 桓公), 진 문공(晉 文公), 진 목공(秦 穆公), 송 양공(宋 襄公), 초 장왕(楚 莊王)인데, 여기서 진(晉)과 초(楚)만 언급한 것은 4언시라는 자수의 제약 때문에 생략한 것이다.

▸ "춘추시대에 진(晉)나라 문공(文公)이 초(楚)나라 성왕(成王)을 성복(城濮)에서 패퇴시키고 패자(覇者)가 되었었는데, 영공(靈公)에 이르러 패자의 자리를 잃고 초(楚)나라 장왕(莊王)이 다시 패자가 되었으니, 이는 진(晉)과 초(楚) 두 나라가 번갈아 패자(覇者)가 된 것이다."(『註解千字文』)

▸ 진 문공은 진 헌공(晉 獻公)의 둘째 아들로 이름은 중이(重耳)이다. 송(宋)나라에 구원을 청하여 초나라를 무찌르고 제 환공을 이어 중원의 맹주가 되었다.

▸ 이는 또한 위의 "群英"을 이어 말하였다. 진(晉), 초(楚)는 제 환공(齊 桓公)의 뒤를 이어, 교대로 제후의 으뜸이 되었음을 말한다.

【訓音】

- 趙(조) : 조나라 조. 춘추전국시대에 칠웅(七雄)의 하나. 한단(邯鄲)에 도읍하였으며, 진(秦)나라에게 멸망됨.(B.C.403~B.C.228)
- 魏(위) : 위나라 위. 높을 위. 춘추전국시대 칠웅의 하나. 지금의 하남성, 산서성 일대에 있었으며, 진(秦)나라에 멸망하였다. 대량(大梁)에 도읍하였다.
- 困 : 곤할 곤. 病甚也.
- 橫 : 가로 횡. 가로지를 횡. 여기서는 연횡설이다(連橫也). 뜻밖에 횡. 사나울 횡.

【註解】

▸ 戰國七雄(전국칠웅) : 전국 시대의 일곱 강국. 곧, 제(齊), 초(楚), 연(燕), 한(韓), 조(趙), 위(魏), 진(秦).

▸ 六國 : 전국 칠웅 가운데 진(秦)을 제외한 나라. 곧, 제(齊), 초(楚), 연(燕), 한(韓), 조(趙), 위(魏).

▸ "전국시대에 합종을 주장한 사람들은 육국(六國)을 이끌고 진(秦)나라를 치려하였고, 연횡(連橫)을 주장한 사람들은 육국으로 하여금 진(秦)나라를 섬기게 하려 하였는데, 육국이 마침내 연횡에 곤궁하게 되었다. 육국 중에 조(趙), 위(魏)만을 들었으니, 그 나머지는 알 수 있다."(『註解千字文』)

▸ 合從說(합종설) : 합종은 남북으로 동맹한다는 뜻이다. 세로 동맹. 중국 전국시대에 소진(蘇秦)이 주장하였다. 곧, 제(齊), 초(楚), 연(燕), 한(韓), 조(趙), 위(魏), 육국이 남북으로 동맹하여 서쪽의 진(秦)나라에 대항하자는 의견.

▸ 連橫(연횡) : 연횡설(連橫說). 연형설(連衡說)이라고도 한다. 가로 동맹. 전국시대에 진(秦)을 중심으로 동서의 여섯 나라를 연합하려 한 장의(張儀)의 정책. 합종설의 반대. 육국 가운데 어떤 국가들이 강한 진(秦)나라를 따라 다른 나라를 공격하는 것을 연횡이라 한다. 진나라는 범수(范雎 : 범저范雎라고도 함)의 모책(謀策)을 채택하여 멀리 있는 나라와는 사귀고 가까이 있는 나라는 공격하는[원교근공遠交近攻] 정책을 써서, 진(秦)과 접경한 한(韓), 조(趙), 위(魏)는 먼저 멸망시켰다. 그러므로 "조위곤횡(趙魏困橫)"이라고 하였다.

✲ 제후들의 패권경쟁 – 합종설과 연횡설

73

假途滅虢이요 踐土會盟이라

解釋

(진 헌공晉 獻公은) 길을 빌어 괵(虢)나라를 멸망시키고
(헌공의 아들 진 문공晉 文公은) 천토(踐土) 땅에서 제후를 회맹(會盟 : 모아 맹세함)하였다.

意譯

진 헌공은 길을 빌어 월경(越境)하여 괵나라를 멸망시켰고
진 문공은 천토에서 제후를 소집하여 회맹하였다.

【訓音】

- 假(가) : 빌릴 가. 거짓 가. 借也.
- 途(도) : 길 도. 路也.
- 滅(멸) : 멸할 멸. 亡也.
- 虢(괵) : 나라 이름 괵. 지금의 섬주(陝州).

【註解】

▸ 가도멸괵(假道滅虢) : 춘추시대에 진 헌공은 우(虞)나라(옛 터가 지금의

산서성 平陸 동북에 있다)에게 길을 빌어, 괵나라(지금의 하남성 陝縣 동남에서 삼문협三門峽 일대에 이르는데 우나라와 접경하고 있었다)를 공격해 멸망시켰다.

▶ "(춘추시대에) 진(晉)나라 헌공(獻公)이 괵(虢)나라를 치고자 하여 우(虞)나라에 길을 빌리자고 하였는데, 우(虞)나라 임금은 (애국자인) 궁지기(宮之奇)의 간언(諫言)을 듣지 않고 길을 빌려 주었다. 그 후 진(晉)나라는 괵나라를 멸망시킨 다음 우나라도 아울러 멸망시켰다."(『註解千字文』)

▶ 괵(虢)나라는 우(虞)나라의 이웃에 있었다. 진(晉)의 헌공(獻公)은 괵나라를 공격하려고 생각했지만, 그렇게 하려면 반드시 우나라를 통과해야 했기 때문에 우나라에게 길을 빌리려고 했다. 우나라의 군주가 승낙하지 않을까 염려해서, 대부(大夫) 순식(荀息)은 헌공에게 말하길, 우나라에 사자를 보내 천금에 해당하는 말[굴산지마屈產之馬 : 굴 땅에서 생산된 말]과 벽옥[수극지벽垂棘之璧 : 수극에서 생산된 구슬]을 통행료로 우의 임금에게 주고 길을 사서 괵나라를 공격하자고 했다.

우의 임금은 이 일을 허락했지만, 대부(大夫) 궁지기(宮之奇)는 다음과 같이 간언했다. "진(晉)나라 임금이 보낸 말과 옥을 돌려보내야 합니다. 진나라의 군대가 통과하는 것을 허락하지 마십시오. 우나라와 괵나라는 입술과 이빨이 서로 의지하는 것과 같습니다. 입술이 없으면 이빨이 시리게 됩니다. 만약 진(晉)나라의 군대를 지나가게 허가한다면, 괵나라를 공격하고 돌아갈 때 반드시 우리 우나라를 공격할 것입니다."

우의 임금은 궁지기의 말을 받아들이지 않고 진나라의 군대가 길을 지나가도록 허락했다.

진나라는 괵나라를 정벌하고 돌아갈 때 과연 우나라를 공격했다.

궁지기가 말했다. "대왕이 보물을 욕심내다가 나라를 망하게 했다." (『춘추좌씨전』, 희공 2년. 『史記』, 卷39, 晉世家)(신정근 역, 『세상을 삼킨 천자문』)

▶ 脣亡齒寒(순망치한) : 입술이 없어지면, 이가 드러나 시리다는 뜻으로, '서로 의지하고 돕는 사이의 한쪽이 망하면, 다른 한쪽도 따라 망하게 됨'을 비유하여 이르는 말.

▶ 임진왜란 때에 조선(朝鮮)을 침입한 일본의 표면상의 명분은 명(明)나라를 정벌하는데 길을 빌려달라[정명가도征明假道]는 것이었다. 물론 실제로는 조선을 침입하고자 해서였다. 이 역시 역사에서 타산지석의 교훈을 삼을 만하다.

【訓音】

- 踐(천) : 밟을 천.
- 土(토) : 흙 토.
- 會(회) : 모을 회. 會諸侯也.
- 盟(맹) : 맹세할 맹. 誓約也, 歃血以結信也.

【註解】

▶ 踐土(천토) : 땅 이름. 지금의 하남성 형양(滎陽) 동북에 있다. 진 문공은 성복(城濮)의 전투에서 초나라 군대를 크게 이긴 후, 천토에서 제후들의 회맹을 주재하여, "춘추오패(春秋五霸)"의 하나가 되었다.

▶ "천토(踐土)는 지명이니, 진(晉)나라 문공(文公)이 제후들과 약속하여 이곳에서 회맹(會盟)하고 주(周)나라 양왕(襄王)을 하양(河陽)에서 불러와 조회하였으니, 이는 천자를 등에 업고 제후들을 호령한 것이다."(『註解千字文』)

▶ 이는 진(晉)나라의 일을 빌어 오패(五霸)와 육국(六國)을 해당시킨 것이다. 오패(五霸)에는 모신(謀臣)이 있고, 칠웅(七雄)에는 책사(策士)가 있으니, 또한 여러 영웅[群英]의 개략을 볼 수 있다.(『千字文釋義』)

✲ 진(晉)나라 헌공과 문공의 대외정책

74

何遵約法이요 韓弊煩刑이라

解 釋

소하(蕭何)는 한 패공(漢 沛公 : 후에 高祖가 됨)의
약법(約法 : 간단한 법률)을 따랐고
한비(韓非)는 번거로운 형벌에 (스스로) 피폐해졌다.

意 譯

소하는 한 패공의 약법삼장(約法三章)을 따랐고
한비(韓非)의 가혹한 형명지학(刑名之學)에 한비 자신과
진(秦)나라가 피폐되었다.

意 譯

소하는 율법을 받들어 간편하게 구장(九章)의 법률을 제정하였고
한비는 가혹한 형벌을 법으로 삼아 목숨을 잃었다.

【訓音】

- 何(하) : 어찌 하. 여기서는 소하를 가리킨다(蕭何也).
- 遵(준) : 좇을 준. 奉也.
- 約(약) : 요약할 약. 要約也.

- 法(법) : 법 법. 刑也.

【註解】

▸ 何 : 소하(蕭何) : (?~193) 한(漢) 고조(高祖)의 공신(功臣). 고조를 도와 천하를 통일함. 장량(張良), 한신(韓信)과 더불어 한(漢)의 삼걸(三傑)이라 한다. '소하작법(蕭何作法)'은 소하가 고조의 약법(約法) 3장을 보완하여 9장의 법률을 만든 일. 백성들이 진(秦)나라의 가혹한 형벌에 강한 불만을 가지고 있음에 비추어, 그는 민의(民意)에 따라 비교적 간략한 한대(漢代)의 첫 법률인 구장률(九章律)을 제정하였다.

▸ 約法三章(약법삼장) : 한(漢)나라 고조(高祖 : 당시는 패공沛公으로 불리었다)는 진(秦)나라를 멸망시킨 다음 현지의 부로(父老)들과 상의하여 진(秦)나라의 까다롭고 가혹한 법령을 폐지하고, 사람을 죽인 자는 사형에 처하고 사람을 상해(傷害)한 자와 도둑질을 한 자는 벌을 주는 3개 항목의 법으로 요약하여 사용하였다. 약법(約法)은 간단한 법률이다.

▸ "한(漢)나라 고조(高祖)는 요약한 3장(章)의 법만을 썼는데 소하(蕭何)가 이를 가감하여 행하여 한(漢)나라는 4백년을 이어갔으며, 소하 또한 자손들이 영화롭고 현달(顯達)하였으니, 이는 관대하게 정사를 베푼 효험이었다."(『註解千字文』)

【訓音】

- 韓(한) : 나라 한. 여기서는 한비(韓非).
- 弊(폐) : 해질, 떨어질 폐. 困也.
- 煩(번) : 번거로울 번. 가혹하다(苛也).
- 刑(형) : 형벌 형.

【註解】

▸ 韓(한) : 한비(韓非) : (B.C.295~233) 전국시대 한(韓)나라 사람. 법가(法家)의 대표자. 형명법술(刑名法術)을 좋아하여, 진(秦)나라의 이사(李斯)와 함께 순경(荀卿)의 문인. 뒤에 시황제(始皇帝)의 신임을 받았으나 이사의 미움을 받아 독살되었다. 형명법술(刑名法術)을 논한 책인 『한비자(韓非子)』를 지었다. 전국(戰國) 말기 법가의 대표인물. "법(法), 술(術), 세(勢)"의 세 가지를 합친 통치방법을 제기하여, 진왕 정(秦王 政 : 진시황)의 중시를 받았다. 후에 이사 등에게 모함을 받아 옥중에서 자살하였다.

▸ 刑名之學(형명지학) : 형명학(刑名學). 중국 전국시대에 한비(韓非) 등이 법을 가지고 나라를 다스려야 한다고 주장한 학설.

▸ 煩刑(번형) : 가혹한 형벌.

▸ "한비(韓非)는 참혹하고 각박한 법을 쓰도록 진왕(秦王)을 설득하였으며 십여만 자(字)에 이르는 책을 지었는데 모두 각박한 내용이었다. 진(秦)나라는 2대(代)만에 망하였고 한비 또한 죽음을 당하였으니, 이는 번거로운 형벌의 폐해 때문이었다."(『註解千字文』)

＊ 형명(刑名)의 결과와 법률을 간소화시킨 정신 – 진(秦)이 망하고 한(漢)이 흥성

75

起翦頗牧은 用軍最精이라

解 釋

(전국시대 명장名將인) 백기(白起)와 왕전(王翦)과
염파(廉頗)와 이목(李牧)은
군대 쓰기를 가장 정예롭게 했다.

意 譯

(진秦나라의) 백기와 왕전과 (조趙나라의) 염파와 이목은
용병(用兵)에 능하고 작전(作戰)에 가장 정통했다.

【訓音】

- 起 : 일어날 기. 여기서는 백기(白起).
- 翦 : 자를 전. 여기서는 왕전(王翦).
- 頗 : 자못 파. 여기서는 염파(廉頗).
- 牧 : 칠 목. 여기서는 이목(李牧).

【註解】

▸ 起(기) : 백기(白起). (?~B.C.257) 전국시대 진(秦)나라의 명장(名將)으

로, 장평(長平)의 전투에서 조나라 군대에 대승하였다. 진 소양왕(秦 昭襄王) 때 위주(魏冑)의 추천으로 장수가 되어 전공을 많이 올렸으며, 이로 인해 벼슬이 좌서장(左庶長)에서 대량조(大良造)로 뛰어올랐다. 한(韓), 위(魏) 연합군을 공격하여 24만여 군사를 참수했으며, 초(楚)와의 전쟁에서 승리하고는 공으로 무안군(武安君)에 임명되었다. B.C. 260년 조(趙)나라와 장평(長平)에서 전쟁을 벌여 조나라 군사 40만을 갱사(坑死)시켰다. 후에 재상 범수(范雎 : 범저范雎라고도 함)와 사이가 좋지 않아 자살했다.

▶ 전(翦) : 왕전(王翦). 전국시대 말기의 진(秦)나라 대장(大將). 진왕 정(政 : 후에 시황제始皇帝가 됨)에 의해 발탁이 되었다. 군졸들과 동침 동식함으로써 군대의 사기를 높였으며, 조(趙), 연(燕)을 무찌르고 초(楚)나라를 멸망시켰다. 이 공로로 통무후(通武侯)에 봉해졌다.

▶ 파(頗) : 염파(廉頗). (B.C.283~240) 전국시대 조(趙)나라의 명장(名將). 명신(名臣)인 인상여((藺相如)와 문경지교(刎頸之交)를 맺고 함께 조나라를 흥성하게 하였다. 조 혜왕(趙 惠王) 때 제(齊)의 군사를 크게 무찔러 상경(上卿)에 봉해졌으며, 이후에도 제(齊) · 위(魏) 연합군을 여러 차례 격파하여 용감하기로 이름을 떨쳤다. 장평(長平)의 전투에서 3년 동안 성을 지키기만 하자 혜왕이 그를 폐하고 조괄을 장수로 삼았다가 대패했다. 이후 복권되어 연(燕)나라 군사를 크게 무찌르고 신평군(信平君)에 봉해졌으나, 조 도양왕(趙 悼襄王) 때 뜻을 얻지 못하고 위나라로 도망갔으며 초(楚)나라에서 죽었다.

▶ 이목(李牧) : (?~B.C.228) 전국시대 조(趙)나라의 장군. 일찍이 비(肥 : 지금의 하북성 진현晉縣 서西)에서 진군(秦軍)을 대파하였다.

▶ 문경지교(刎頸之交) : 생사를 같이하여 목이 떨어져도 후회하지 않을 만큼 친한 사귐, 또는 그러한 벗.

▸ 인상여(藺相如)와 염파(廉頗) : 인상여는 전국시대 조(趙)나라의 대신(大臣). 그가 보필하던 혜문왕(惠文王)이 초(楚)나라로부터 화씨지벽(和氏之璧)을 얻었으나 진(秦)나라가 이를 탐내 15개의 성(城)과 바꾸자고 제의했다. 명을 받아 진나라에 사신으로 간 그는 진나라가 구슬만 빼앗고 성은 내놓지 않을 조짐을 보이자 목숨을 다해 구슬을 되찾아 가지고 왔다. 이로부터 '완벽(完璧)'이란 단어가 생겨났다. 벼슬이 상경(上卿)으로 염파(廉頗)장군보다 높았으므로 염파의 시기와 미움을 받았으나 충돌을 피하고 자신을 낮춰 후에 염파의 사죄를 받았다. 이후 형성된 두 사람의 우의가 오늘날까지 일화로 전해진다.

【訓音】

- 用(용) : 쓸 용.
- 軍(군) : 군사 군. 兵也. 12,500명을 軍이라고 한다.
- 最(최) : 가장 최. 極也.
- 精(정) : 정할 정. 善也. 세밀할 정. 날랠 정.

* 전국(戰國)시대의 명장(名將)들

76

宣威沙漠하니 馳譽丹青이라

解 釋

(그 장군들이) 사막에서 위엄을 떨치어 공로를 세우니
(후에) 단청으로 (각閣에다 초상화를 그려) 명예를 드날렸다.

意 譯

서한의 장군 위청, 이광, 곽거병은 누차 흉노를 패퇴시키어
멀리 사막에 명성을 떨치었고,
천하 도처에서 그들의 뛰어난 공훈을 명예롭게 여겨
청사(靑史)에 아름다운 이름을 영원히 남겼다.

【訓音】

- 宣(선) : 베풀 선. 布也.
- 威(위) : 위엄 위. 兵威也.
- 沙(사) : 모래 사.
- 漠(막) : 아득할 막. 廣大也. 사막 막.

【註解】

▸ 沙漠(사막) : 중국의 서북쪽의 땅은 모래여서 초목이 자라지 않고 일망광대(一望廣大)하다. 그러므로 사막이라고 한다.

▸ 宣威沙漠(선위사막) : 서한(西漢)의 대장(大將) 위청(衛青), 곽거병(霍去病), 이광(李廣)을 가리킨다. 그들은 군대를 이끌고 흉노를 격퇴시키고, 북방에서의 한(漢)에 대한 위협을 풀고, 서쪽으로 서역의 길을 열어, 국위를 선양시켜 명성을 사막에 떨쳤다.

【訓音】

- 馳 : 달릴 치. 馬疾行也.
- 譽 : 기릴 예. 명예 예. 聲名也.
- 丹 : 붉을 단.
- 青 : 푸를 청.

【註解】

▸ "단청(丹青)은 그 얼굴과 모양을 그린 것이다. 공을 세우면 그의 얼굴을 그려 명예를 영원히 드날리니, 한(漢)나라 선제(宣帝)가 공신(功臣)들의 초상화를 기린각(麒麟閣)에 그려놓은 것이 이것이다."(『註解千字文』)

▸ 그 명성이 그림[圖畫]의 사이에 달린다. 예를 들면, 한 선제(漢 宣帝)는 기린각(麒麟閣)에 공신(功臣)을 그려 놓았고, 한 명제(漢 明帝)는 운대(雲臺)에 28명의 공신(功臣)을 그려놓았으며, 당 태종(唐 太宗) 때에는 능연각(凌煙閣)에 24명 공신(功臣)의 초상화를 그려놓았다.(『千字文釋義』)

▸ 위의 네 사람은 용병(用兵)을 극히 잘하여 서북쪽 사막의 땅에서 위엄을 펼치었다. 그 명예가 멀리 달리어서, 그들의 초상화를 그리어 놓아 잊지

않도록 했다.

"策功"으로부터 여기까지 4절(節)은 많은 영웅들의 성대함을 이야기하고 있다. 예를 들면, 은(殷)나라에는 이윤(伊尹)과 부열(傅說)이 있고, 주(周)나라에는 주공 단(周公 旦)과 태공망이 있고, 한(漢)나라에는 상산사호(商山四皓)가 있다. 또 넓게 말하면, 오패(五覇)와 칠웅(七雄)의 모신(謀臣)과 책사(策士)가 있다. 명법(明法 : 법률)을 맡은 자로는 소하(蕭何)와 한비(韓非)가 있고, 무공(武功)을 세운 자로는 백기(白起)와 왕전(王翦)과 염파(廉頗)와 이목(李牧)이 있으니, 이루 그 수를 헤아릴 수가 없다.(『千字文釋義』)

* 명장(名將)들의 명성이 후세에 전해짐

77

九州禹跡이요 百郡秦幷이라

解 釋

구주(九州)는 우(禹)임금이 물 다스리던 자취요
백군(百郡)은 진(秦)나라가 합병하였다.

意 譯

(중국의) 구주(九州)는 우임금의 (물 다스리던) 자취요
백군(百郡)은 진(秦)나라가 합병하여 (중국을) 통일하여 만든 것이다.

意 譯

구주의 대지에는 곳곳에 우임금의 치수(治水)의 자취가 남아있고
천하의 군현(郡縣)은 진(秦)이 육국(六國)을 병합한 후 통일하여
만든 것이다.

【訓音】

- 九(구) : 아홉 구.
- 州(주) : 고을 주.
- 禹(우) : 하우씨 우. 하(夏)나라를 세운 임금.

- 跡(적) : 자취 적. 足跡也.

【註解】

▸ 九州(구주) : 기주(冀州), 연주(兗州), 청주(靑州), 서주(徐州), 양주(揚州), 형주(荊州), 예주(豫州), 양주(梁州), 옹주(雍州). 황제(黃帝)로부터(중국의) 천하를 구주(九州)로 나누었다. 우순(虞舜 : 舜임금)에 이르러 또 12주(州)로 나누었다가, 우(禹)가 수토(水土)를 고르게 함에 이르러 다시 9주(九州)로 나누었다. 삼대(三代 : 하은주)에는 그에 따랐다. 구주(九州)는 하(夏)나라의 우(禹)가 세운 것으로, 그의 발자취가 이른 곳이다.(『千字文釋義』)

▸ 禹 : 우임금. 『書經 · 立政』, "우임금의 옛 자취에 오르다(以陟禹之跡)."

【訓音】

- 百(백) : 일백 백.
- 郡(군) : 고을 군.
- 秦(진) : 나라 진.
- 幷(병) : 아우를 병. 合爲一也.

【註解】

▸ 百郡(백군) : 한(漢)나라 때의 행정구역의 개략적인 수. 경조(京兆), 우풍익(左馮翊), 우부풍(右扶風), 홍농(弘農), 하동(河東), 하내(河內) 등 무릇 103개의 군(郡)을 말한다. 백군(百郡)이라고 한 것은 대체적인 수를 들은 것이다.

상고시대로부터 제후를 봉(封)하여 천하를 나누어 다스렸다. 진시황

(秦始皇) 때에 이르러 육국(六國)을 멸망시키고 천하를 통일하였다. 봉건제를 파(擺)하고 천하를 36군(郡)으로 나누었다. 한(漢)나라 때에 이르러 다시 백군(百郡)으로 나누었다. 한(漢)의 백군(百郡)은 원래 진(秦)이 합병시킨 것이다.(『千字文釋義』)

▸ 秦(진) : 주(周)나라 봉건제후국 중의 하나. 원래는 지금의 섬서성이 그 땅이었다. 전국칠웅을 거쳐 시황제(始皇帝) 때 천하를 통일하였다. 주 효왕(周 孝王) 때 비자(非子)가 위수(渭水) 유역에 분봉받았으며 6대손 양공(襄公) 때 옹(雍)에 도읍하였다. 목공(穆公)이 즉위하면서 견융(犬戎)을 정벌하고 진(晉)과 더불어 중원의 패권을 다툴 만큼 세력을 떨쳤다. 전국시대 초에 효공(孝公)이 상앙(商鞅)을 등용하여 부국강병을 꾀했으며, 혜문왕(惠文王) 때는 함양(咸陽)으로 천도하여 동방의 6대 강국과 패권을 겨뤘다. B.C.247년 진왕(秦王) 정(政 : 시황제)이 들어서 6국을 차례로 물리치고 B.C.221년 전국을 통일하였다.

▸ 통일된 진(秦)나라 : 진왕(秦王) 정(政)이 전국시대 봉건제후국의 할거국면을 끝내고 전국을 통일하여 성립시켰다. 진왕 정은 자칭 시황제(始皇帝)라 하고 함양(咸陽)에 도읍하였다. 중국 역사상 최초의 전제군주에 의한 통일 왕조이다. 군현제(郡縣制)를 시행하여 중앙집권체제의 기틀을 마련했다. 그러나 진시황은 만리장성을 수축하고 끊임없이 대외정책을 펴는 한편 가혹한 법령을 만들어 백성들을 핍박하였으므로 그의 사후 농민봉기가 잇따랐고, 점점 국가 권력이 약해졌다. 3대 왕인 자영(子嬰)이 유방(劉邦)에게 투항함으로써 개국 15년 만에 멸망하였다.

▸ 봉건제(封建制) : 일명 분봉제(分封制). 고대 국왕 혹은 황제가 제후에게 분봉하던 제도. 하(夏), 상(商)대부터 시작되었다고 한다. 주 무왕(周 武王) 때는 은(殷)을 멸한 공로로 공신이나 일족에게 봉국(封國)을 내리고 이들을 봉국의 제후에 임명했다. 제후는 가신과 노예를 이끌고 봉지로

가서 세습 특권을 누리며 세경(世卿)이 되었다. 제후는 정기적으로 왕실에 조공을 바치고 조빙(朝聘)했으며, 유사시 왕을 위해 군대와 노역을 제공했다. 그러나 모든 행정적 권한은 제후에게 주어졌으므로 독립된 국가의 형태를 띠었다. 춘추시대의 열국은 대부분 주 왕실의 분봉에 의해 생겨난 것이다. 또 이때부터 제후의 권력이 커지면서 본국의 속박에서 벗어났으며, 제후국간 패권다툼을 벌이는 춘추전국시대의 장을 열었다.

▸ 군현제(郡縣制) : 진(秦)대에 본격 시행된 지방행정제도. 춘추시대 전기부터 이 제도가 일부 시행되었다. 즉 진(秦), 초(楚), 진(晉) 등의 국가에서 일부 지방에 현(縣)을 설치했으며, 춘추 말기에는 각국이 변방에 군(郡)을 설치했다. 군은 현에 비해 넓은 면적을 차지했으나 변방에 위치했으므로 행정조직 면에서는 현보다 낮았다. 전국시대에는 변방의 군 아래 현을 두어 점점 군현제의 모습을 갖추어 갔다. 진(秦)의 시황제는 전국을 36군으로 나누었다가 40군으로 늘렸으며, 그 아래 현을 설치했다. 군의 수령인 군수(郡守)는 중앙에서 임명하고 봉록을 주었으며, 세습할 수 없게 하였다. 한대(漢代) 초기에는 군현제와 봉건제를 병용한 군국(郡國)제도를 실시하다가 무제 때 군현제로 돌아갔다. 군현제도는 중앙집권제도의 초보적인 형태라고 할 수 있다.

✻ 중국의 행정구역 – 구주(九州)와 백군(百郡)

78

嶽宗恒岱요 禪主云亭이라

解 釋

오악(五嶽)은 항산(恒山)과 대산(岱 : 태산泰山)을 높이고
선(禪)은 운운산(云云山)과 정정산(亭亭山)에서 주로 지냈다.

意 譯

오악으로는 항산과 태산을 으뜸으로 하여(그 중에서도 태산을 높임) 제왕이 (태산의) 정상에 올라 하늘에 제사지냈고,
터를 닦아 땅에 제사지내는 선(禪) 의식은 운운산, 정정산에서 하였다.

【訓音】

- 嶽(악) : 큰 메 악. 높은 산 악. 五嶽.
- 宗(종) : 마루 종. 높다는 의미. (일의 근원, 근본) 으뜸 종. 尊也. 근본 종. 사당 종. 일족 종.
- 恒(항) : 항상 항.
- 岱(대) : 대산 대. 오악의 하나. 東嶽. 泰山.

【註解】

▸ 恒(항) : 『千字文釋義』에는, "泰"로 되어 있다.

▸ 恒山(항산) : 산서성 동북부 혼원현(渾源縣)에 있다. 오악(五嶽)의 하나.

▸ 岱山(대산) : 대종(岱宗). 산 이름. 태대(泰岱). 오악 중에 으뜸으로 여겼으므로 종(宗)이라 이른다. 곧 태산(泰山)이다. 지금의 산동성 태안시(泰安市) 북쪽에 있다. 오악(五嶽) 가운데 태산(泰山)을 높이었다.

『書經 · 舜典』, "(순수巡守하던) 해의 2월에 동쪽 지방을 순수(巡守)하여 대종(岱宗 : 태산泰山)에 이르러 시(柴)제사를 지내며 산천을 바라보고 차례를 정하여 제사하고 마침내 동쪽 제후들을 만나보았다(歲二月, 東巡守至于岱宗, 柴, 望秩于山川, 肆覲東后)."

▸ 五嶽(오악) : 동악(東嶽) 태산(泰山), 서악(西嶽) 화산(華山), 남악(南嶽) 형산(衡山), 북악(北嶽) 항산(恒山), 중악(中嶽) 숭산(嵩山)을 말한다. 화산은 섬서성 화양시(華陽市)에 있고, 형산은 호남성 형산현(衡山縣)에 있다. 숭산은 하남성 등봉시(登封市) 북쪽에 있다.

【訓音】

• 禪(선) : 봉선 선. 封禪也. 사양할 선. 고요할 선.
• 主(주) : 주인 주. 임금 주. 우두머리 주. 주될 주. 依也.
• 云(운) : 이를 운. 山名. 云云山.
• 亭(정) : 정자 정. 山名. 亭亭山.

【註解】

▸ 封禪(봉선) : 봉(封)은 태산(泰山)의 주봉에 흙을 쌓아 단(壇)을 만들어 하늘에 제사지내는 것이오, 선(禪)은 태산 남측의 지맥(支脈)의 작은 산에 땅을 판판하게 골라 놓아 선(墠 : 제터 선)을 만들어 땅에 제사지내는 것이다.

전설에 신농(神農), 요(堯), 순(舜)은 태산에서 하늘에 제사지냈고, 운운산에서 땅에 제사지냈으며, 황제(黃帝)가 땅에 제사지낸 곳은 정정산이다.

▸ 운정(云亭) : 운운산(云云山)과 정정산(亭亭山)의 합칭.

云云山(운운산) : 지금의 태안시(泰安市) 동남에 있다. 태산 아래의 작은 산이다.

▸ 亭亭山(정정산) : 지금의 태안시(泰安市) 남쪽에 있다. 태산 아래의 작은 산이다.

▸ "천자는 12년에 한 번씩 순수(巡狩)하였는데, 반드시 태대(泰岱 : 태산)에서 봉선(封禪)의식을 거행하였다. 운운산(云云山)과 정정산(亭亭山)은 태대 아래에 있는 작은 산인데, 천자가 반드시 이곳에서 유숙하며 목욕재계한 뒤에 대종(岱宗)에 제사하였다."(『註解千字文』)

▸ 태산에 봉(封)한 자는 운운산과 정정산 두 산에서 선(禪)을 하였다.

『史記 · 封禪書』, "관중(管仲)이 다음과 같이 말했다. '…… 옛날 무회씨가 태산에서 봉(封)하고 운운산에서 선(禪)하였고, 복희씨는 태산에서 봉(封)하였고, 운운산에서 선(禪)하였다. 신농씨는 태산에서 봉(封)하였고 운운산에서 선(禪)하였다. 염제는 태산에서 봉(封)하였고 운운산에서 선(禪)하였고, 황제(黃帝)는 태산에서 봉(封)하였고 정정산에서 선(禪)하였다. 전욱은 태산에서 봉(封)하였고 운운산에서 선(禪)하였다. 제곡은 태산에서 봉(封)하였고 운운산에서 선(禪)하였다. 요임금은 태산에서 봉(封)하였고 운운산에서 선(禪)하였다. 탕임금은 태산에서 봉(封)하였고 운운산에서 선(禪)하였다'(管仲曰 ……. 昔無懷氏封泰山, 禪云云, 伏羲氏封泰山, 禪云云, 神農封泰山, 禪云云, 炎帝封泰山, 禪云云, 黃帝封泰山, 禪亭亭, 顓頊封泰山, 禪云云, 帝嚳封泰山, 禪云云, 堯封泰山, 禪云云, 舜封泰山, 禪云云, 湯封泰山, 禪云云)."

✲ 오악(五嶽)과 봉선(封禪)

79

鴈門紫塞와 鷄田赤城과

解釋

관문(關門)은 안문(鴈門), 성(城)은 자새(紫塞),
역참은 계전(鷄田), 성벽은 적성(赤城)

意譯

안문관의 험함, 북쪽 변경의 자주빛 장성(長城)과
회맹(會盟)을 했던 계전, 주둔하면서 지켰던 적성과

【訓音】

- 鴈(안) : 기러기 안. 어떤 판본에는 "雁".
- 門(문) : 문 문.
- 紫(자) : 자줏빛 자.
- 塞(새) : 변방 새. 막을 색.

【註解】

▸ 鴈門(안문) : 안문관(雁門關). 관명(關名). 지금의 산서성 대현(代縣) 서북쪽에 있다. 산세가 험준하여 위에는 서경관(西陘關)이 있는데, 안문관

이라고도 칭한다.

▸ 紫塞(자새) : 북방의 변새(邊塞)인데, 여기서는 장성(長城)을 가리킨다. 진시황과 한(漢)나라 때 장성을 쌓았다. 서쪽으로는 임조(臨洮)에서 시작하여 동쪽으로는 조선(朝鮮 : 옛날 고조선의 위치는 한반도 뿐만 아니라 지금의 중국 요녕성도 포괄하고 있었기 때문에 여기서는 한반도가 아니라 요녕성을 가리킴)에 이르렀으니, 그 길이가 장장 만 리이다. 흙의 빛깔이 자줏빛이므로 자새(紫塞)라고 칭하였다.

▸ "안문(雁門)은 군명(郡名)이니 병주(幷州)에 있었는데, 봄에 기러기가 북쪽으로 돌아갈 때에 이곳을 넘어가므로 이름한 것이다. 자새(紫塞)는 지명(地名)이니, 진(秦)나라가 이곳에 장성(長城)을 쌓았는데, 흙빛이 모두 자주색이었다."(『註解千字文』)

【訓音】

- 鷄(계) : 닭 계.
- 田(전) : 밭 전.
- 赤(적) : 붉을 적.
- 城(성) : 성 성. 재 성.

【註解】

▸ 鷄田(계전) : 역명(驛名)이다. 계택(鷄澤)이라고도 하는데, 지금의 하북성 영년(永年) 서남, 춘추시대에 노 양공(魯 襄公)이 여기에서 제후를 회맹하였다.

▸ 赤城(적성) : 지명. 옛날에 치우(蚩尤)가 살던 곳이다. 청대의 지명으로는 선부(宣府)에 있다. 위진(魏晉)시대에 이 곳에다 성을 쌓고 수루를 설치

하여 유연(柔然)의 침입을 방어하였다.

▸ "계전(鷄田)은 옹주(雍州)에 있었다. 옛날에 주 문왕(周 文王)은 암탉을 얻고 왕자(王者)가 되었으며, 진 목공(秦 穆公)은 암탉을 얻고 패자(覇者)가 되었다. 아래에 보계사(寶鷄祠)가 있으니, 진(秦)나라에서 하늘에 교제(郊祭)를 지내던 곳이다. 적성(赤城)은 기주(夔州) 어복현(魚腹縣)에 있다."(『註解千字文』)

* 중국 북방 변경의 요새

80

昆池碣石과 鉅野洞庭은

解釋

못은 곤지(昆池), 산은 갈석(碣石),
늪은 거야(鋸野), 호수는 동정호(洞庭湖)

意譯

곤명지(昆明池)에서는 배를 훈련시켰고,
갈석에서는 명(銘)을 새겼으며,
대택(大澤)은 거야, 호수는 동정호를 친다.

【訓音】

- 昆(곤) : 맏 곤. 형 곤. 많을 곤.
- 池(지) : 못 지.
- 碣(갈) : 비석 갈. 둥근 비석 갈. 돌 갈.
- 石(석) : 돌 석.

【註解】

▸ 昆池(곤지) : 못 이름. 곤명전지(昆明澱池). 지금의 운남성에 있다. 일명

곤명지(昆明池)이다.

▸ 碣石(갈석) : 옛 산 이름. 지금의 하북성 창려(昌黎) 서북에 있는데, 진시황과 한 무제가 모두 일찍이 동쪽으로 순행(巡行)하여 이곳까지 이르러 돌에 새기고[刻石] 바다를 보았다.

▸ "곤지(昆池)는 운남성 곤명현(昆明縣)에 있었다. 한(漢)나라 무제(武帝)는 운남(雲南)과 통래(通來)하기 위하여 (장안성長安城의 서쪽에) 곤명지(昆明池)를 파놓고 수전(水戰)을 익혔는데, 또한 곤지(昆池)라고 칭하기도 하였다. 갈석(碣石)은 북평군(北平郡) 여성현(黎城縣)에 있었다."(『註解千字文』)

▸ 한 무제 때, 남쪽 이민족 가운데 곤명국(昆明國)이 있었다. 그들의 성과 굴은 둘레가 사방 300리나 되는 데다 물로 둘러싸여 있었고, 수전(水戰)에 뛰어났다. 무제는 매번 정복하려고 했지만 뜻을 이루지 못했다. 그래서 방책을 세워, 장안성의 서쪽 20리쯤에 연못을 하나 팠다. 사방 40리로 그 속에 물을 가득 채우고 배를 건조해서 수전을 훈련했다. 마침내 그 나라를 격파하고 그곳에 곤명주(昆明州)를 설치했다. 그런 까닭으로 그 못에 이름 붙이길 '곤명지'라 했던 것이다.(신정근 역, 『세상을 삼킨 천자문』)

【訓音】

- 鉅(거) : 클 거. 톱 거. 강할 거. 어떤 판본에는 "巨".
- 野(야) : 들 야.
- 洞(동) : 골 동. 굴 동. 마을 동. 깊을 동. 통할 통.
- 庭(정) : 뜰 정.

【註解】

▸ 鉅野(거야) : 늪 이름[澤名]. 대야택(大野澤)이라고도 한다. 지금의 산동성 거야(鉅野) 북쪽에 있었는데, 지금은 이미 고갈되었다.

▸ 洞庭(동정) : 호수 이름. 동정호. 호남성 북부에 있는 중국 최대의 담수호(淡水湖). 양자강의 흐름을 완화시키며 범람을 방지하는 작용을 하고 있고, 운하에 의하여 양자강과 통하고 있음.

* 중국의 자연 - 사방의 못, 산, 늪, 호수

81

曠遠綿邈하고 巖岫杳冥이라

解 釋

(이와 같은 것들은) 광활하고 멀어 아득하고
바위 멧부리가 아득하고 아득하다.

意 譯

광활하여 아득한 곳에 까지 이어
높은 봉우리가 솟아있고 암혈(巖穴)은 그윽하고 깊다.

【訓音】

- 曠(광) : 넓을 광. 闊也. 빌 광.
- 遠(원) : 멀 원.
- 綿(면) : 이을 면. 솜 면. 자세할 면. 「智永眞書千字文」에는 "緜".
- 邈(막) : 멀 막. 아득할 막.

【註解】

▸ 綿邈(면막) : 아득히 멀다. 쌍성연면어(雙聲連綿語)이다. 연면어란 두 음절이 모여 하나의 의미 단위를 이루는 어절을 말한다. 즉 두 글자이지만

뜻은 하나인 경우이다. 성(聲)이 같은 것을 쌍성이라 한다.

【訓音】

- 巖(암) : 바위 암. 石窟曰巖.
- 岫(수) : 묏부리 수. 산굴 수. 山穴曰岫. 산봉우리 수. 어떤 판본에는 "수峀".
- 杳(묘) : 아득할 묘. 어두울 묘. 深也.
- 冥(명) : 어두울 명. 아득할 명. 昏暗也. 그윽할 명. 저승 명.

【註解】

- ▸ 冥(명) : 그윽하고 깊고 높고 멀다(유심고원幽深高遠).
- ▸ 杳冥(묘명) : 아득하다. 쌍성연면어이다.
- ▸ 왕자(王者)의 토지가 광대하여, 구주(九州)와 백군(百郡)을 모두 그 소유로 하여 그 가운데에 또 토지의 현저한 것을 들어 그 성(盛)함을 말하였다. 예를 들면 봉선은 태산 및 운운산, 정정산에서 하고, 관(關)에는 안문이 있고, 성에는 자새(紫塞), 적성(赤城)이 있고, 역(驛)에는 계전이 있고, 못에는 곤명이 있고, 산에는 갈석이 있고, 늪에는 거야가 있고, 호수에는 동정호가 있으니, 모두 광활하고 아득히 멀며, 멀고 아득하여 끝이 없다. 그 산의 바위와 산굴은 또한 깊고 어두워서 헤아릴 수가 없다.(『千字文釋義』)
- ▸ "九州"부터 "巖岫"까지는 왕자(王者)의 토지가 광대하다는 것을 말하고 있다.(『千字文釋義』)

✲ 광활한 대지

✲ 이 제3장은 천하에 왕 노릇 하는 자의 경우, 그 수도의 큼과 궁궐의 장엄함, 전적(典籍)의 풍성함, 영재(英才)의 많음, 그리고 토지의 넓음이 이와 같음을 말하고 있다.(『千字文釋義』)

제4장

은거하는 선비의 처신과 치가(治家)의 도

82

治本於農하여 務玆稼穡이라

解釋

(나라를) 다스림은 농사에 근본하여
이렇게 (봄에 곡식을) 심고 (가을에) 거두는 것을 힘쓴다.

意譯

나라를 다스리는 근본은 농사에 있으니
밭으로 가 힘써 밭갈이 하여 거둔다.

【訓音】

- 治(치) : 다스릴 치. 삶을 다스리다(治生也).
- 本(본) : 근본 본. 根本也.
- 於(어) : 어조사 어.
- 農(농) : 농사 농. 治田也. 『漢書 · 食貨志』, "토지를 개척하여 곡식을 심는 것을 '농사'라고 한다(闢土植穀曰農)."

- 務(무) : 힘쓸 무. 致力也.
- 玆(자) : 이 자. 이에 자. 此也.

- 稼(가) : 심을 가. (봄에 곡식을) 심다. 種五穀曰稼. 농사 가.
- 穡(색) : 거둘 색. (가을에 곡식을) 거두다. 斂五穀曰穡. 농사 색.

【註解】

▸ 稼穡(가색) : 심고 거둔다. 농사짓는 일. 농산물을 심는 일과 거둬들이는 일.

▸ 이 이하는 군자의 가정을 다스리고 처신하는 도를 말한다.

이곳부터 "勸賞黜陟"까지는 가정을 다스림으로서 부유함의 근본이 되는 것을 소중히 여긴 것이다.(『千字文釋義』)

✲ 농자천하지대본야(農者天下之大本也)

83

俶載南畝하여 我藝黍稷이라

解 釋

(봄이 되면) 비로소 남쪽 이랑에서 일을 시작하여
우리는 기장과 피를 심는다.

意 譯

봄이 되면 밭에 가서 농사일을 시작하니
오곡을 심느라 바빠 쉬지 않는다.

【訓音】

- 俶(숙) : 비로소 숙. 始也.
- 載(재) : 일할 재. 事也. 실을 재.
- 南(남) : 남녘 남.
- 畝(묘, 무) : 이랑 묘. 이랑 무.

【註解】

▸ 畝(묘, 무) : 『司馬法』, "육척이 '보步'이고 백보百步가 '畝'이다(六尺爲步, 步百爲畝)." 진(秦)나라 제도에는, 240보(步)를 묘(畝)라 하였다.

▶ 『詩經 · 小雅 · 大田』, “큰 밭에 심어야 할 벼가 많은지라, 이미 씨앗을 가리고 농구 갖춰, 농사일 다 준비하고, 나의 날카로운 보습으로, 비로소 남쪽 이랑에서 일하여 백곡을 파종하니, 자라는 싹이 곧고 또 큰지라, 증손(曾孫)의 마음을 흡족하게 하도다(大田多稼, 旣種旣戒, 旣備乃事. 以我覃耜, 俶載南畝, 播厥百穀. 旣庭且碩, 曾孫是若).”

【訓音】

- 我(아) : 나 아. 自己也.
- 藝(예) : 심을 예. 種植也. 재주 예.
- 黍(서) : 기장 서.
- 稷(직) : 피 직.

【註解】

▶ 五穀(오곡) : 벼[稻], 기장[黍], 피[稷], 보리[麥], 콩[菽].

▶ 『詩經 · 小雅 · 楚茨』, “무성한 찔레밭에, 그 가시를 뽑아버림은, 예부터 어째서 하였는고. 우리에게 서직(黍稷)을 심게 하려 해서였네(楚楚者茨, 言抽其棘. 自昔何爲, 我蓺黍稷).”

▶ “제왕이 정치할 때에는 반드시 농사를 근본으로 삼으니, 군주는 백성을 하늘로 여기고 백성은 먹는 것을 하늘로 여기기 때문이다.”(『註解千字文』)

* 봄에 곡식 심기

84

稅熟貢新하니 勸賞黜陟이라

解釋

곡식이 익으면 세금으로 내고 새 것을 (나라에) 조공으로 바치니 상을 내려 권장하기도 하고 못하는 사람은 내쫓고 잘하는 사람은 승진시킨다.

意譯

가을에 익은 곡식을 조세로 바치고 새로운 물건을 조공으로 바치니 (잘하는 사람에게는) 상을 내려 권장하기도 하고, (못하는 사람은) 내쫓고 (잘하는 사람을) 승진시킨다.

意譯

농작물이 익으면 전세(田稅)를 내고,
새로 수확한 양곡을 공물로 바쳐 충성을 표시하니,
잘 수확하고 못 수확한 것에 따라 상과 벌을 명확하게 한다.

【訓音】

- 稅(세) : 세금 세. 옛날에는 곡식으로 세금을 내었다.
- 熟(숙) : 익을 숙. 穀之成也.

- 貢(공) : 바칠 공. 공물 공. 백성이 나라나 관청에 바치던 특산물.
- 新 : 새 신. 初成曰新. 여기서는 햇곡식을 가리킨다.

【註解】

▸ 윗사람이 아랫사람에게 취하는 것을 세금, 조세[稅]라고 하고, 아랫사람이 윗사람에게 바치는 것을 공물[貢]이라고 한다(自上取下曰稅, 自下獻上曰貢).

▸『孟子 · 滕文公上』, "후직이 백성들에게 심고 거두는 것을 가르쳐서 오곡을 심고 가꾸게 하셨는데, 오곡이 익고 백성이 잘 길러졌다(后稷敎民稼穡, 樹藝五穀, 五穀熟而民人育)."

▸ "농토에 대한 조세를 내되 반드시 익은 것을 사용하여 국가의 쓰임에 대비하고, 토산물을 바치되 반드시 새 것을 사용하여 종묘에 올린다."(『註解千字文』)

【訓音】

- 勸(권) : 권할 권. 힘쓴다는 뜻이니, 농사를 권장한다는 것이다(勉也, 蓋勸農也).
- 賞(상) : 상줄 상. 칭찬하여 내려주는 것이다(褒而賜之也).
- 黜(출) : 내칠 출. 물리칠 출. 退之也.
- 陟(척) : 오를 척. 올릴 척. 進之也.

【註解】

▸ 黜陟(출척) : 무능한 사람을 내쫓고 유능한 사람을 올리어 쓰다. 공이 없는 사람을 물리치고, 공이 있는 사람의 지위를 올려서 쓰다. 쌍성연면어

(雙聲連綿語)이다.

▶ 생명을 다스리는 것은 반드시 힘써 경작함을 근본으로 삼아서, 오로지 심고 거두는데 힘쓴다. 처음에는 남쪽 밭에 일이 있어, 기장과 피를 심고 그 곡식이 익음에 수확하게 되면 그것을 공세(貢稅)로 납부한다. 농사를 권장하여 농사를 잘 지은 자에게는 상을 주어 위로하고, 그로 인해 그 해의 공[歲功]을 계산하여 게으른 자는 물리치고 부지런한 자는 높이어서 그들로 하여금 각기 농사에 힘쓰게 한다. "俶載" 2구는 농작물을 심는 것[稼]을 주로 하고, "稅熟" 2구는 농작물을 거둠[穡]을 주로 하여 말한 것이다.(『千字文釋義』)

▶ "농사가 이미 이루어지면 권농관(勸農官)이 부지런한 자에게 상을 주어 권면(勸勉)하고 게으른 자를 내쳐 경계하니, 척(陟)도 상을 주는 것이다." (『註解千字文』)

✲ 조세와 상벌

85

孟軻敦素요 史魚秉直이라

解 釋

맹자는 (성품이) 본바탕을 돈독히 하였고
사어(史魚)는 정직함을 잡았다[마음잡기를 곧게 하였다].

意 譯

맹자는 돈독한 본바탕을 가졌고
사어는 올곧음을 붙잡고 있었다.

意 譯

'맹자는 현재의 지위나 환경에 편안함을 숭상하였고
사어는 올바른 의를 감히 말하는 것을 견지하였다.' (李逸安)

【訓音】

- 孟(맹) : 맏 맹.
- 軻(가) : 수레 가. 맹자의 이름.
- 敦(돈) : 도타울 돈. 尙也.
- 素(소) : 질박할 소. 정결하며 순수하다(精純也). 바탕 소. 흴 소.

【註解】

- ▸ 孟軻(맹가) : B.C.372~B.C.289. 맹자. 중국 전국시대의 추(鄒)나라 사람. 이름은 가(軻). 자는 자여(子輿). 공자의 도를 이어 받아 여러 나라를 순회하며 왕도 정치와 인의를 주장하였으며, 성선설(性善說)을 제창하였다. 『맹자』에 그의 언행이 기록되어 있다.
- ▸ 孟母三遷之敎(맹모삼천지교) : 맹자의 어머니가 맹자를 가르치기 위하여 세 번 이사했다는 고사. 처음에 공동묘지 가까이 살았는데 맹자가 장사지내는 흉내만 내었다. 시장 가까이로 옮겼더니 이번에는 물건 파는 흉내만 내었다. 드디어 글방 있는 곳으로 옮겼더니, 그제야 공부를 열심히 하더라는 고사에서 온 말.
- ▸ 맹모단기지교(孟母斷機) : 맹자의 어머니가 아들이 학업을 중단하고 돌아왔을 때, 짜던 베를 칼로 잘라서 훈계한 고사.
- ▸ 敦素(돈소) : '돈독하고 검소하였다'라고도 한다. 그리고 이일안((李逸安)은 '敦'은 '힘쓰다, 숭상하다'는 의미하고, '素'는 '현재의 지위와 환경', '그때그때의 지위 또는 환경'을 의미한다고 한다.

【訓音】

- 史(사) : 역사 사. 관명(官名).
- 魚(어) : 물고기 어.
- 秉(병) : 잡을 병. 쥘 병. 執也.
- 直(직) : 곧을 직.

【註解】

- ▸ 사어(史魚)는 위(衛)나라의 대부이니, 이름은 추(鰌)이고 자(字)는 자어

(子魚)인데 시신(屍身)으로 임금에게 간(諫)하였다.

▸『論語 · 衛靈公』, "공자께서 말씀하셨다. '정직하다, 사어여! 나라에 도가 있을 때에는 화살처럼 곧으며, 나라에 도가 없을 때에도 화살처럼 곧도다. 군자답다, 거백옥이여! 나라에 도가 있으면 벼슬하고, 나라에 도가 없으면 거두어 속에 감추어 두는구나!'(子曰, 直哉史魚! 邦有道, 如矢, 邦無道, 如矢. 君子哉蘧伯玉! 邦有道, 則仕, 邦無道, 則可卷而懷之)."

▸ 사어는 위(衛)의 대부로 사람됨이 충실하고 정직했다. 당시 거백옥(蘧伯玉)이라는 현자가 있었지만, 그는 위(衛)의 군주 영공(靈公)이 무도한 것을 보고 벼슬살이를 하려고 하지 않았다. 사어가 그것에 관해 질문을 하면 거백옥이 대답했다. "나라에 원칙이 존중되면 저는 모습을 드러내고, 나라에 원칙이 무시되면 모습을 숨깁니다." 사어가 말했다. "저는 나라에 원칙이 존중되더라도 화살처럼 곧고, 나라에 원칙이 무시되더라도 화살처럼 곧습니다."

사어는 늘 위(衛)의 군주에게 간언하며 거백옥을 추천했지만, 군주는 거백옥을 쓰지 않고 미자하(彌子瑕)를 총애했다. 미자하가 복숭아 하나를 따다가 먼저 반쯤 베어 먹고서 남은 반쪽을 위의 군주에게 건네서 먹게 했다. 사어가 "미자하는 윗사람과 아랫사람 사이에 지켜야 할 예를 무시했습니다. 먼저 복숭아를 먹은 다음에 대왕에게 건넨 것입니다."라고 하자, 위의 군주가 대답했다. "자하는 충심으로 한 일이다."

위(衛)의 군주가 수레 한 대를 만들고서 칙령을 내렸다. "이것을 타는 사람이 있으면 누구라도 참형에 처하라." 미자하는 몰래 그것을 타고 집으로 돌아가서 어머니 병문안을 했다. 사어가 "미자하는 명을 어기고 몰래 대왕의 수레를 탔습니다."라고 하자, 위의 군주는 또 말했다. "미자하는 효성스럽다. 짐의 명에 개의치 않고 수레를 타고 병문안을 했다."

훗날 사어는 병이 위중해지자 집안사람들에게 말했다. "내가 죽거든 시신을 집안에 안치하지 말고 화장실에 안치하라. 나는 미자하의 악행을 눈감아 준 셈이고, 거백옥이 현인이지만 나는 군주에게 간언해서 그를 등용하도록 하지 못했다. 이것은 나의 과오다." 사어가 죽자 시신을 그의 말대로 화장실에다 안치했다.

위의 군주는 사자를 보내 사어의 집에 조문하게 했다. 사자가 돌아와서 이 사실을 보고했다. 그때서야 위의 군주는 급히 시신을 집안에 안치하도록 명령을 내리고 미자하를 꾸짖으며 말했다. "너는 복숭아를 먹고 나머지 반을 과인에게 주었으니, 이것이 첫 번째 불충이다. 과인의 명을 어기고 과인의 수레를 탔으니, 이것이 두 번째 불충이다. 거백옥을 경상(卿相)에 등용하도록 권하지 않았으니, 이것이 세 번째 불충이다."

공자가 말했다. "어질구나, 사어여! 죽어서도 군주의 잘못을 간언하다니."(신정근 역, 『세상을 삼킨 천자문』)

▶ 尸諫(시간) : "자어(子魚)는 죽을 때에 유언하기를 "나는 생전에 현신(賢臣)인 거백옥(蘧伯玉)을 등용시키지 못하고 간신인 미자하(彌子瑕)를 물러나게 하지 못하였으니, 내가 죽거든 시신을 거적에 말아서 그대로 장례하라."하였다. 이 때문에 위(衛)나라 영공(靈公)은 자신의 과오를 뉘우치게 되었으므로 '시신으로 간하였다.'고 한 것이다."(성백효 역주, 『註解千字文』, "史魚秉直"에 대한 주석)

▶ 이곳부터 "勉其祗植"까지는 처신을 하는데 공경과 삼감을 요체로 한다. (『千字文釋義』)

✻ 본바탕을 돈독히 한 맹자(孟子)와 올곧은 사어(史魚)

86

庶幾中庸인댄 勞謙謹勅하라

解 釋

중용(中庸)에 거의 이르려면
부지런하고 겸손하고 삼가고 경계하라.

意 譯

중용의 편벽되지 않고 치우치지 않는 경지에 이르려면
부지런하고 겸손하며 삼가고 근엄해야 한다.

【訓音】

- 庶 : 거의 서.
- 幾 : 거의 기.
- 中 : 가운데 중.
- 庸 : 떳떳할 용.

【註解】

▸ 이 두 구는 '부디 『중용』의 책에 대해 수고롭게 공부하고 겸손하며 삼가고 경계하라'라고 해석하기도 한다.

▸ 庶幾(서기) : 가깝다는 말이다(近詞). 도달하기를 바란다.

▸ 中庸(중용) : 유가가 제창한 "편벽되지 않고 치우치지 않으며, 지나치지도 않고 미치지 못하는 것도 아닌" 도덕표준.

▸『中庸』, 朱子注, "중(中)은 편벽되지 않고 치우치지 않으며 지나침과 미치지 못함이 없는 것의 이름이요, 용(庸)은 평상(平常)함이다"(中者, 不偏不倚無過不及之名, 庸平常也.) 정자가 말했다. "편벽되지 않음을 중(中)이라 이르고, 변치 않음을 용(庸)이라 이르니, 중(中)은 천하의 정도(正道)요, 용(庸)은 천하의 정리(定理)이다(子程子曰 不偏之謂中 不易之胃庸 中者天下之正道 庸者天下之定理)."

【訓音】

- 勞(로) : 수고로울 로. 勤也. 일할 로. 위로할 로.
- 謙(겸) : 겸손할 겸. 恭遜也.
- 謹(근) : 삼갈 근. 愼也.
- 勅(칙) : 경계할 칙. 戒也. 신칙할 칙. 신칙(申勅)은 단단히 타일러 다잡거나 경계한다는 뜻이다. 타이를 칙. 칙서 칙. = 칙(敕).

【註解】

▸ 謙(겸) :『周易 · 謙卦』, "수고로워도 겸손함이니, 군자가 끝맺음을 잘하면 길하니라(勞謙, 君子有終, 吉)."

✲ 중용으로 가는 길 – 부지런함, 겸손, 삼감, 경계함

87

聆音察理요 鑑貌辨色이라

解釋

(남의) 말소리를 듣고 이치를 살피고
얼굴 용모를 살피고 낯빛을 분별한다.

意譯

남의 이야기를 듣고 그 말 가운데의 이치를 이해해야 하고
남과 교류할 때는 상대방의 안색의 변화를 살펴야 한다.

【訓音】

- 聆(령) : 들을 령. 聽也.
- 音(음) : 소리 음. 人聲, 謂言也.
- 察(찰) : 살필 찰. 審之也.
- 理(리) : 이치 리. 다스릴 리.

【註解】

▸ "상지(上智)의 사람은 그 소리를 들어보고 사리를 살피니, 공자(孔子)는 자로(子路)가 타는 거문고 소리를 듣고서, "북쪽 변방의 살벌한 소리가

있다."고 말한 것이 이것이다."(『註解千字文』)

【訓音】

- 鑑(감) : 비추어 볼 감. 살필 감. 觀也. 거울 감.
- 貌(모) : 모양 모. 容貌也.
- 辨(변) : 분변할 변. 別也. 구별하다. 「智永眞書千字文」에서는 "辯".
- 色(색) : 낯빛 색. 빛 색. 顔色也. 색 색.

【註解】

▸ "용모와 말과 얼굴빛으로 사람의 정을 보고 뜻을 분별할 수 있으니, 제(齊)나라 환공(桓公)의 부인이 위(衛)나라를 치려고 함을 안 것과 관중(管仲)이 위(衛)나라를 용서하려고 함을 안 것이 이것이다."(『註解千字文』)

▸ 옛날에 제 환공이 제후들을 소집했을 때, 제후들이 모두 제때 도착했지만, 위후(衛侯)가 오지 않았다. 환공이 관중에게 말했다. "제후들이 모두 도착했는데, 위후만이 도착하지 않았소. 왕법(王法)에는 친한 이와 그렇지 않은 이를 구별하지 않는다 합니다. 내일 그대에게 그를 처벌할 명령을 내리겠으니, 다른 사람에게 말하지 마세요."

관중은 궁정에서 물러나고 환공은 침전으로 들어갔다. 위비(衛妃 : 衛나라 출신의 환공 부인)는 환공이 들어오는 것을 보고 곧 위후를 죽이려 한다는 낌새를 알아차리고, 비녀를 뽑고 허리에 장식하는 옥을 내려놓으며 남편의 발아래 넙죽 엎드리며 말했다. "대왕이시여, 위후의 죄를 용서해 주시기 바랍니다."

환공이 말했다. "과인은 아침에 나가서 저녁에 돌아올 때까지 다른 말을 하지 않았소. 부인은 어떻게 위후를 처벌한다는 것을 아시는가?" 부인이 대답했다. “저는 군주에게 세 가지 표정이 있는 것을 보았습니다. 신나고 즐거운 표정, 그 표정은 기뻐서 즐거움이 나타날 때입니다. 잔치를 할 때의 표정, 그때의 표정은 편안하고 느긋해 보이십니다. 전쟁을 앞둘 때의 표정, 그때의 표정은 장엄하고 비장하십니다. 왕의 표정을 보고서 위후를 처벌하리라는 것을 알았습니다.”

마침내 환공은 위후를 용서하고 처벌하지 않도록 했다. 다음날 관중이 입궐하여 환공을 만나 뵙고 위후의 죄를 용서한 것에 대해 사의를 표했다. 환공이 물었다. “과인은 아무 말도 하지 않았는데, 그대는 어떻게 아는가요?” 관중이 대답했다. “저는 대왕의 말에 약하고 멋쩍어 하는 빛이 있는 것을 보고서 위후의 죄를 용서하리라는 것을 알았습니다.” 환공이 말했다. “안에는 위부인이 있고 밖에는 관중 같은 대신이 있으니, 무엇 때문에 나라 일을 걱정하겠는가?”(신정근 역, 『세상을 삼킨 천자문』)

✲ 말소리와 얼굴빛 관찰

88

貽厥嘉猷하니 勉其祗植이라

解 釋

아름다운 훈계[계책]를 (자손에게) 내려주니
공경하여 (마음에 덕을) 세우기를 힘쓰라.

【訓音】

- 貽(이) : 줄 이. 끼칠 이. 남길 이. 남겨주다(遺也).
- 厥(궐) : 그 궐.
- 嘉(가) : 아름다울 가. 善也.
- 猷(유) : 꾀 유. 계책 유. 謀也.

【註解】

▸『詩經 · 大雅 · 文王有聲』, "그 자손에게 계책을 남겨 주어서, 공경하는 아들을 편안하게 하시니, 무왕이 훌륭한 군주이시도다(詒厥孫謀, 以燕翼子, 武王烝哉)."

▸ "군자는 자손들에게 물려줄 때에 마땅히 아름다운 계책으로 하여야 하니, 예를 들면 소하(蕭何)는 검소함을 물려주고, 양진(楊震)은 청렴함을 물려주고, 방덕공(龐德公)은 편안함을 물려준 것이다. 이는 모두 훌륭한 법을

물려준 것이다."(『註解千字文』)

소하(蕭何) : 소하는 농지와 집을 반드시 궁벽한 곳에 두고, 담이 있는 집을 짓지 않게 하고 말하였다. "후손이 현명하면 나의 검소함을 본받을 것이고, 현명하지 않더라도 세력가에게 빼앗기지 않을 것이다." 『史記』, 권53, 「蕭相國世家」)

양진(楊震) : 왕밀(王密)이 황금 10근을 품고 와서 양진에게 주자 양진이 말하였다. "옛 친구인 나는 그대를 알건만 그대는 옛 친구인 나를 알지 못하니, 어째서인가?" 왕밀이 말하였다. "저문 밤입니다. 아는 사람이 없습니다." 양진이 말하였다. "하늘이 알고 땅이 알고 내가 알고 그대가 아는데 어찌 아는 이가 없다고 하는가." 왕밀은 부끄러워하고 나갔다.(『後漢書 』, 권54, 「楊震列傳」)

방덕공(龐德公) : 유표(劉表)가 '방덕(龐德)의 처자가 앞에서 김매는 것을' 가리키며 물었다. "선생께서 괴로이 밭고랑에서 고생하면서 관직과 녹봉을 기꺼이 받지 않으니, 후세에 무엇으로 자손에게 물려주시겠습니까." 방덕이 말하였다. "세상 사람들은 모두 위태로운 것을 물려주지만 (나는) 지금 다만 편안함으로 물려줍니다. 비록 물려주는 것이 같지 않지만 물려주는 것이 없는 것은 아닙니다." 유표는 감탄하면서 떠나갔다.(『後漢書』, 권83, 「龐公傳」)(이충구 역)

【訓音】

- 勉(면) : 권면할 면. 힘쓸 면.
- 其(기) : 그 기.
- 祗(지) : 공경 지. 敬也.
- 植(식) : 심을 식. 세우다(立也).

【註解】

▸ 이 구는 "그 공경히 마음에 덕을 세우는 것을 권한다" 라고 해석하기도 한다.

▸ 몸을 처신함에는 맹자처럼 순수하고 사어(史魚)처럼 정직해야, 거의 중용에 가까워서, 부지런하고 겸손하며 삼가고 경계하여야 한다. 남의 말을 들을 때에는 그 옳고 그름을 살피고, 사람을 관찰함에는 그 사악함과 올바름[邪正]을 구별하니, 모두 신중함에 이르는 것이다. 이와 같이 한다면 허물이 없을 것이며, 남기는 것은 모두 훌륭한 계책이니, 경외(敬畏)에 힘쓰고, 이 몸은 기울지 않게 선다. 이는 위의 절(節)과 함께 한 장(章)의 중심이 된다. 이하 17절은 혹은 처신(處身)에 대해 이야기하고, 혹은 치가(治家)에 대해 말하였으니, 모두 이 뜻을 미루어 넓힌 것이다.(『千字文釋義』)

✲ 자손에게 아름다운 훈계를 남김

89

省躬譏誡요 寵增抗極이라

解 釋

내 몸을 살피어 남의 비판을 경계하고
총애가 더해지면 한껏 극에 올라갈까 저픈다[두려워한다].

意 譯

남의 비방과 경계에 대해 스스로 몸을 반성하고
때때로 과도한 영예와 총애를 방지해야 한다.

【訓音】

- 省(성) : 살필 성. 察也. 덜 생. 줄일 생.
- 躬(궁) : 몸 궁. 身也.
- 譏(기) : 기롱할 기. 살필 기. 조사할 기. 나무랄 기. 헐뜯을 기. 訕誚也. (헐뜯을 산, 꾸짖을 초)
- 誡(계) : 경계할 계. 경계하다(儆戒也). (경계할 경)

【註解】

▸ 『論語 · 學而』, "증자가 말하길, '나는 날마다 세 가지로 내 몸을 살피나니, 남을 위하여 일을 도모함에 충성스럽지 못한가? 친구와 더불어 사귐에 성실하지 못한가? 전수받은 것을 복습하지 않는가?'(曾子曰, 吾日三省吾身, 爲人謀而不忠乎? 與朋友交而不信乎? 傳不習乎?)"

▸ "신하가 스스로 그 몸을 살펴 매양 비판과 풍자와 경계가 옴을 생각한다면, 스스로 마땅히 벼슬길에 나아감을 어렵게 여기고 물러나기를 쉽게 할 것이다."(『註解千字文』)

【訓音】

- 寵(총) : 괼 총. 사랑할 총. 귀여워할 총. 영화로울 총. 尊榮也.
- 增 : 더할 증. 益也.
- 抗 : 겨룰 항. 대항할 항. 제일 높은 자리에 맞먹는다[겨룬다. 맞선다](幷于上也).
- 極 : 지극할 극. 다할 극. 극진할 극. 至也.

【註解】

▸ 抗極(항극) : 극도에 이르지 않도록 막는다. 오규근 선생님은 '한껏 높은 데 올라 간 것. 제일 높은 자리에 올라 간 것'이라고 하였다. = 亢極. 왕성해 극점에 도달하다.

▸ 이 두 구에 대해 오규근 선생님은 "몸을 살피기를 경계하고 총애가 더해져서, 한껏 높은 자리에 올라간다'라는 의미라고 해석하고 있다.

▸ "영광이 더욱 높아지면 마땅히 항극(亢極 : 抗極, 극에 이름)의 근심을 두어야 하니, 옛사람들이 영화에 처하면 위태로움을 생각한 것은 이 때

문이었다."(『註解千字文』)

▸ 『書經 · 周官』, "총애를 받으면 위태로움을 생각하라(居寵思危)"

▸ 여기서부터 "解組誰逼"까지는 기미를 보는 명철함과 처신의 도를 말하고 있다.(『千字文釋義』)

✲ 항상 겸손하고 반성하라

90

殆辱近恥니 林皐幸卽하라

解 釋

(높은 자리에 올라갔다가) 위태롭고 욕을 당하면 치욕에 가까우니
(더이상 출세를 말고) 산림과 언덕에 다행히도 찾아가라.

意 譯

위태롭고 높은 것이 부끄러움에 가깝게 되니,
산림과 언덕에 다행이도 나아가라[초야로 일찌감치 물러나라]

意 譯

자만하여 자신의 처지를 잊을 때는 왕왕 치욕에 가까우니
다행히 산림과 산야가 있어 제때에 돌아가 은거하라.

【訓音】

- 殆(태) : 위태할 태. 거의 태. 近也.
- 辱(욕) : 욕될 욕. 恥也, 皆羞愧之意.
- 近(근) : 가까울 근.
- 恥(치) : 부끄러울 치.

【註解】

- ▸『千字文釋義』에서는 "殆"를 '가깝다'라는 의미로 보아 이 두 구를 "욕됨에 가깝고 부끄러움에 가까우니, 산림과 언덕으로 다행히 나아가야 한다." 고 이해하고 있다.
- ▸『老子』 44장, "만족함을 알면 욕되지 않고, 그칠 줄을 알면 위태롭지 않다(知足不辱, 知止不殆)."
- ▸『老子』, 46장, "재앙은 족함을 알지 못하는 것보다 큰 것이 없다(禍莫大於不知足)."

【訓音】

- 林(림) : 수풀 림.
- 皐(고) : 언덕 고.
- 幸(행) : 다행 행. 요행이다(僥幸也).
- 卽(즉) : 나아갈 즉. 나아가다(就也). 곧 즉.

【註解】

- ▸『莊子 · 知北游』, "산림과 언덕이 나를 흔쾌이 즐겁게 한다(山林與, 皐壤與, 使我欣欣然而樂與)."
- ▸"이미 그칠 줄 알고 만족할 줄 아는 뜻이 있으면, 임고(林皐 : 산림)의 아래로 나아가 천성(天性)을 온전히 보전할 것이다."(『註解千字文』)

* 치욕과 수치를 피해 자연에 은거

91

兩疏見機하니 解組誰逼가

解 釋

(벼슬이 높아지자) 두 소씨(疏氏)는 기미를 살피어
벼슬 인끈을 풀고 사직하니 누가 (그들을) 핍박하겠는가?

意 譯

소광(疏廣)과 소수(疏受)는 기미를 보아 재앙을 피하여
벼슬 인끈을 풀고 관직을 사직하니 누가 그들을 핍박하겠는가?

【訓音】

- 兩(량) : 두 량.
- 疏(소) : 성글 소. 성 소. 성이다(姓也).
- 見(견) : 볼 견. 目有所睹曰見.
- 機(기) : 기미 기. 幾也, 微也. 틀 기.

【註解】

▸ 兩疏(양소) : 서한(西漢)의 소광(疏廣)과 그의 조카 소수(疏受). 선제(宣帝) 때 소광은 태자태부(太子太傅)에 임용되었고, 소수는 소부(少傅)에 임용

되었는데, 재임 5년 만에 둘 다 병을 칭하여 고향으로 돌아왔다. 후세에 "공을 이루면 몸은 은퇴한다(功遂身退)"의 전고(典故)로 사용되었다.

▸ 機(기) : 『周易 · 繫辭下』, "공자께서 말씀하셨다. '기미를 앎이 그 신묘할 것이다. 군자는 위로 사귀되 아첨하지 않고 아래로 사귀되 모독하지 않으니, 기미를 아는 것이다. 기미[幾]는 움직임의 은미한 것으로 길흉이 먼저 나타난 것이니, 군자는 기미를 보고 일어나서[떠나가서] 하루가 마치기를 기다리지 않는다'(子曰, 知幾其神乎? 君子上交不諂下交不瀆, 其知幾乎! 幾者, 動之微, 吉之先見者也. 君子見幾而作, 不俟終日)."

【訓音】

- 解(해) : 풀 해. 脫之也.
- 組(조) : 인끈 조. 끈 조. 인끈(綬)의 류(類)이니, 도장 끈이다(印紱也). 관인(官印)을 매는 인끈.
- 誰(수) : 누구 수. 何也.
- 逼(핍) : 핍박할 핍. 迫之也.

【註解】

▸ 解組(해조) : 인끈을 풀다. 사직함을 가리킨다. '組'는 관인(官印)을 매는 끈이다.

▸ 사람은 헐뜯고 꾸짖음과 경계하는 일로써 자기 몸을 성찰해야 한다. 헐뜯고 경계할 만한 것은 존귀한 영예보다 심한 것이 없다. 지극한 것에 이르지 않도록 막는 것이다. 대개 지위가 높은 자는 몸이 위태로우며, 반드시 벼슬이 폄적되거나 깎이게 됨에 이르니, 치욕스런 일이 장차 이를 것이다. 이때에 물러나 수풀과 언덕에 나아가면 다행이 화를 면할 수 있다.

예를 들어, 한(漢)의 양소(兩疏 : 소광과 소수)는 기미를 보아 일어나 인끈을 풀고서 떠났으니, 누가 그들을 핍박하여 그렇게 했겠는가? 진실로 스스로 물러남을 달게 여긴 것이다. 군자는 마땅히 분수에 만족하여, 치욕을 멀리 하여야 한다. 이 또한 『論語, 泰伯』의 "무도(無道)하면 숨는다(無道則隱)"는 뜻이다.(『千字文釋義』)

* 기미를 살피어 벼슬을 물러날 것

92

索居閑處하여 沈黙寂寥라

解 釋

한가로운 곳을 찾아 거처하여 (시비를 이야기하지 않고)
침묵을 지키며 적막하게 (평민과 같이) 지낸다.

【訓音】

- 索(색) : 찾을 색. 쓸쓸할 삭. 쓸쓸히 홀로 살다(소삭蕭索, 獨處也). 동아줄 삭. 흩어질 삭.
- 居(거) : 살 거. 處也.
- 閑(한) : 한가할 한. 有餘暇也.
- 處(처) : 곳 처. 거처할 처.

【註解】

- ▶ 索居(색거) : 찾아 거처하다. 『千字文釋義』에는 '삭거'로 읽어, '쓸쓸히 홀로 살다(蕭索, 獨處也)'라고 하였다. 이 경우, 이 구는 "쓸쓸히 한가로운 곳에 거하여"라고 해석할 수 있다.
- ▶ 『禮記 · 檀弓』, "무리를 떠나 쓸쓸히 거한다(離群而索居)."

【訓音】

- 沈(침) : 잠길 침. 晦也. 빠질 침. 성 심.
- 默 : 잠잠할 묵. 말없을 묵. 靜也.
- 寂 : 고요할 적.
- 寥 : 고요할 료.

＊ 한가로이 은거하며 침묵한다.

93

求古尋論이요 散慮逍遙라

解 釋

(그때는 집에서) 옛 것을 찾고 (옛 사람의) 의론을 찾아서
(답답하면) 온갖 생각을 흩어 버리고 한가롭게 거닌다.

意 譯

옛 사람과 옛 사람의 저작 가운데서 이치를 찾아서
근심과 잡념을 떨쳐 버리고 소요자재(逍遙自在)한다.

【訓音】

- 求(구) : 구할 구.
- 古(고) : 옛 고.
- 尋(심) : 찾을 심. 보통 심. 발 심.
- 論(론) : 의논할 론.

【註解】

▶ "군자가 한가롭게 거처할 때에도 반드시 일삼는 것이 있어 옛 사람의 출사(出仕)와 은퇴(隱退)에 대한 본말(本末)을 찾고 토론하니, 몸이 비록 물

러났더라도 사회교화에 도움이 있는 것이 크다."(『註解千字文』)

▸ 『孟子 · 告子上』, "학문하는 방법은 다른 것이 없고 그 잃어버린 선량한 마음을 찾는 것일 뿐이다(學問之道, 無他, 求其放心而已矣)."

【訓音】

- 散(산) : 흩을 산. 解也.
- 慮(려) : 생각 려. 思也.
- 逍(소) : 노닐 소.
- 遙(요) : 노닐 요.

【註解】

▸ 逍遙(소요) : 슬슬 거닐어 돌아다님. 첩운연면어(疊韻連綿語)이다. 연면어란 두 글자가 모여 하나의 의미 단위를 이루는 어절이다. 첩운은 운(韻)이 같은 두 글자로 이루어진 것을 말한다.(임동석)

✲ 적적한 가운데 당시의 사람을 상대하지 않고 옛 사람을 찾는다.
✲ 옛 사람을 찾아 소요. 은자의 생활

94

欣奏累遣이요 感謝歡招라

解釋

기쁜 것은 받아들이고 근심[귀찮은 일]은 보내며[멀리하며]
슬픈 일은 보내고 기쁜 일은 불러들인다.

意譯

기쁜 일은 사람들이 아뢰어주고 거리끼는 일이나
귀찮은 일은 쫓아 버리고
슬픈 일은 보내고 기쁜 일은 불러들인다.

意譯

기쁜 일이 더해지면 번거로운 일은 자연히 떨쳐지고
근심이 일단 떠나가게 되면 즐거운 일이 나타난다.

【訓音】

- 欣(흔) : 기쁠 흔. 喜也.
- 奏(주) : 아뢸 주. 여쭐 주. 進也. 연주할 주.
- 累(루) : 근심 루. 누끼칠 루. 폐끼칠 루. 여러 루. 포갤 루.

- 遣(견) : 보낼 견. 풀 견. 몰아서 떠나가게 하다(驅之使去也). 달랠 견.
- 累(루) : 피로나 번뇌.

- 慼(척) : 슬플 척. 憂也. 어떤 판본에는 "戚".
- 謝(사) : 거절할 사. 끊는다(絶之也). 떠나가다. 하직할 사. 사례할 사. 고마워할 사. 사죄할 사.
- 歡(환) : 기쁠 환. 喜也.
- 招(초) : 부를 초.

【註解】

▶ 편안이 은퇴를 달가워하여 야외 물가에 나아가는 이는 홀로 한산한 곳에 살며 고요히 침묵하고 텅 비어 조정이나 시가지의 시끄러운 곳을 멀리한다. 이에 여가가 있는 날엔 옛 시대의 전적(典籍)을 살펴 구하여 논변하여 사려를 흩뜨리고 소요하며 마음을 유유자적하게 한다. 날마다 기쁜 데로 나아가 기뻐할 만한 것을 모두 불러서 오게 한다. 근심은 하나도 마음에 두지 않아 모두 떠나가게 한다. 벼슬을 그만두면 나라를 근심하거나 백성을 근심하는 충정이 없게 되고 오직 야외와 물가를 기뻐하는 취미만 있게 된다.(『千字文釋義』)

＊ 기쁜 일은 받아들이고 슬픈 일은 보낸다.

95

渠荷的歷이요 園莽抽條라

解 釋

(여름에) 도랑물의 연꽃은 환하고 분명하고
[곱고 화려하고, 반짝반짝하고]
(봄에) 동산의 풀은 가지가 죽죽 뻗어 오른다[패어난다].

意 譯

여름에 연못의 연꽃은 요염하고 아름답고
봄의 정원의 초목은 연한 초록의 가지를 뻗어낸다.

【訓音】

- 渠(거) : 도랑 거. 溝也. 개천 거.
- 荷(하) : 연꽃 하. 芙蕖也.
- 的(적) : 분명할 적. 밝을 적. 과녁 적.
- 歷(력) : 지날 력.

【註解】

▸ 的歷(적력) : 선명한 모양. 광채가 빛나는 모양. 글자의 의미보다는 음운

결합에 의해 두 글자가 모여 하나의 의미를 이루었다. 첩운연면어이다.

【訓音】

- 園(원) : 동산 원. 뜰 원. 밭 원.
- 莽(망) : 풀 망. 풀이 우거질 망. 茂草也. 거칠 망.
- 抽(추) : 뺄 추. 뽑을 추. 빼어나다(拔也).
- 條(조) : 가지 조.
- 망(莽) : 무성한 풀. 여기서는 정원 가운데의 초목.

【註解】

▸ 抽條(추조) : 초목에서 가지와 잎이 나올 때의 형상.

✲ 숨어사는 사람이 기름진 땅의 자연환경을 즐긴다.
✲ 은자(隱者)와 자연환경 – 도랑물의 연꽃과 동산의 풀

96

枇杷晚翠요 梧桐早凋라

解 釋

비파나무는 늦게까지 푸르고
오동나무 잎은 (가을에) 일찍 시든다.

意 譯

비파나무는 겨울에도 여전히 푸릇푸릇하고
오동잎은 가을에 일찍 시들어 떨어진다.

【訓音】

- 枇 : 비파나무 비.
- 杷 : 비파나무 파.
- 晩 : 늦을 만. 歲暮也.
- 翠 : 푸를 취. 비취빛 취. 물총새 취. 물총새는 그 깃이 푸르므로 푸른색을 '취(翠)'라고 한다(其羽靑, 故以靑色爲翠).

【註解】

▶ 枇杷(비파) : 상록과수(常綠果樹). 열매는 금황색이고 달다. 나무는 관상

용, 열매는 5~6월 사이에 채취한다. 쌍성연면어이다.

【訓音】

- 梧 : 오동나무 오.
- 桐 : 오동나무 동.
- 早 : 이를 조. 어떤 판본에는 "蚤".
- 凋 : 시들 조. 葉落也. 「智永眞書千字文」에는 "彫".

【註解】

▶ 梧桐(오동) : 오동나무. 오동과의 낙엽 황엽 교목. 가을 입추가 되면 잎이 먼저 떨어진다.

▶ 『詩經 · 大雅 · 卷阿』, "봉황새가 저 높은 산등성이에서 우네. 오동나무가 산 동쪽 기슭에 자랐네. 오동나무 무성하고 봉황새 소리 조화되네(鳳皇鳴矣, 于彼高岡. 梧桐生矣, 于彼朝陽. 菶菶萋萋, 雝雝喈喈)."

＊ 오동나무는 음력 8월이 되면 잎이 떨어진다.
＊ 비파와 오동나무

97

陳根委翳요 落葉飄颻라

解 釋

묵은 뿌리에 (낙엽이 쌓이어 땅을) 가려 덮어주고
(가을바람에) 낙엽이 나부낀다.

意 譯

늙은 나무뿌리가 이미 시들어 말라죽고
떨어진 나뭇잎은 비바람에 나부낀다.

【訓音】

- 陳(진) : 묵을 진. 오랠 진. 故也. 베풀 진. 진술할 진. 나라 이름 진.
- 根(근) : 뿌리 근. 草木之本也.
- 委(위) : 쌓일 위. 맡길 위. 버릴 위. 棄也. 서리서리 위.
- 翳(예) : 덮을 예. 가릴 예.

【註解】

▶ 위예(委翳) : 가려 덮어주다. 말라 죽다. 식물이 스스로 썩는 대로 맡기다. 委 : 마르다. = 萎. 翳 : 수목이 저절로 말라 죽다.

▸ 일설에 이 구의 뜻은 "묵은 뿌리는 서리서리 엉켰고"라고도 해석한다.

【訓音】

- 落(낙) : 떨어질 락.
- 葉(엽) : 잎 엽.
- 飄(표) : 나부낄 표.
- 颻(요) : 나부낄 요. 어떤 판본에는 "搖".

【註解】

▸ 飄颻(표요) : 나부끼다. 한들거리다. 바람이 물건을 움직이다(風動物也). 첩운연면어이다.

✲ 가을의 낙엽

98

遊鵾獨運하니 凌摩絳霄라

解 釋

노니는 곤새는 홀로 (하늘을 날아) 운행하여
붉은 하늘에 높이 솟아 다다른다.

意 譯

유유히 노니는 곤새는 바로 홀로 날아서
날개를 떨치어 공중에 높이 솟아 하늘에 다다른다.

【訓音】

- 遊(유) : 놀 유.
- 鵾(곤) : 곤새 곤. 『註解千字文』에는 "鯤". 큰 고기 곤.
- 獨(독) : 홀로 독.
- 運(운) : 옮길 운. 운전 운. 轉動也.

【註解】

▶ 이 구는 "헤엄쳐 노니는 곤새가 붕조가 되어 붉은 하늘을 휩쓸고 난다." 라고도 해석한다.

▸ 『莊子 · 逍遙遊』, "북쪽 바다에 물고기가 있는데 그 이름이 곤어(鯤魚)이다. 곤어의 크기는 그것이 몇 천 리인지 모른다. 변하여 새가 되는데 그 이름이 붕새이다. 붕새의 등도 그것이 몇 천 리인지 모른다. 깃을 떨치고 날게 되면 그 날개는 마치 하늘가의 구름과 같다. 이 새는 바다가 움직이면 남쪽 바다로 옮겨가려 하는데, 남쪽 바다라는 것은 천지(天池)이다. (北冥有魚, 其名爲鯤. 鯤之大, 不知其幾千里也. 化而爲鳥, 其名爲鵬. 鵬之背, 不知其幾千里也., 怒而飛, 其翼若垂天之雲. 是鳥也, 海運則將徙於南冥. 南冥者, 天池也)."

【訓音】

- 凌(릉) : 능멸할 릉. 그 위로 나가다(出其上也). 깔볼 릉. 업신여길 릉. 탈 릉.
- 摩(마) : 어루만질 마. 문지를 마. 다그치다, 가까이 하다(迫也).
- 絳(강) : 붉을 강. 짙게 붉을 강. 진홍색 강. 赤色.
- 霄(소) : 하늘 소. 하늘 기운에 가깝다(近天氣也).

【註解】

▸ 凌雲(능운) : 하늘에 닿을 듯이 높다.

▸ 摩天(마천) : 하늘에 닿을 듯이 높다.

▸ 摩天樓(마천루) : 하늘을 찌를 듯이 높이 솟은 고층 건물.

▸ 絳霄(강소) : 짙은 홍색의 구름하늘.

▸ "곤(鯤)이 변하여 새가 되면 그 이름을 붕(鵬)새라 하니, 등에 푸른 하늘을 지고 한번 날아 구만리 상공에 오르니, 바로 '붉은 하늘에 솟구쳐 다다르는 것이다.' 이는 사람이 날아오르듯 할 때와 침체되는 운수가 각각 때

가 있음을 비유한 것이다."(『註解千字文』)

▶ 王勃, 「滕王閣序」, "저녁노을은 외로운 따오기와 나란히 떠있고, 가을 강물은 넓은 하늘과 같은 색이로다(落霞與孤鶩齊飛, 秋水共長天一色)"

▶ 수풀 언덕 가운데 도랑에는 선명한 연꽃이 있고, 정원에는 가지가 쭉쭉 뻗는 풀이 있다. 비파나무는 세모에도 오히려 무성하고, 오동나무는 가을을 맞아 앞서서 떨어진다. 뿌리가 묵은 것은 썩어서 버려져 스스로 죽고, 시든 잎은 바람에 날려 나부낀다. 곤(鵾)새가 노닒에 홀로 하늘가에 날아다니며 허공을 올라 붉은 하늘가에 이른다. 그 초목과 새들의 아름다움이 이와 같아 한적한 곳에 거처하는 즐거움이 나타난다.(『千字文釋義』)

* 하늘에 높이 솟아 날면 모든 것이 다 그 밑에 있다.

99

耽讀翫市하니 寓目囊箱이라

解 釋

(한나라 왕충王充은) 글 읽기를 즐기어 시장에서 구경하니
글을 눈에 부치면 (눈이 바로) 글 주머니요 책 상자가 된다.

【訓音】

- 耽(탐) : 즐길 탐. 열중할 탐. 빠질 탐. 溺也.
- 讀(독) : 읽을 독. 習其文也.
- 翫(완) : 구경 완. 볼 완. 가지고 놀 완. 熟觀之也. 장난감 완. 즐길 완.
- 市(시) : 저자 시. 시장 시.

【註解】

- 耽讀(탐독) : 책을 즐겨 읽음.
- 翫市(완시) = 玩市. 시장에서 구경하다.
- "한(漢)나라 때 왕충(王充)은 집이 가난하나 학문을 좋아하였는데 책이 없었으므로 매양 책가게로 가서 그 책을 보았는데 종신토록 잊지 않았다."(『註解千字文』)
- 王充(왕충) : 27~?. 동한(東漢) 초기의 사상가, 문학가. 자는 중임(仲任).

상우(上虞) 사람. 젊어서 작은 벼슬을 하다 그만두고 고향에서 저술활동에 전념했다. 30년 동안 노력한 끝에 『논형(論衡)』 30권을 완성했다. 이를 통해 그는 당시 유행하던 유가의 학설을 비판하고, 기타 도가(道家), 묵가(墨家)의 학설도 의심을 갖고 분석, 비판했다.

【訓音】

- 寓 : 부칠 우. 부쳐 살 우.
- 目 : 눈 목.
- 囊 : 주머니 낭. 자루 낭.
- 箱 : 상자 상.

【註解】

▸ 寓目(우목) : 주의해 살펴보다. 눈을 붙여 한 번 보다.

▸ "사람들은 왕충(王充)이 눈을 붙여 한번 보면 주머니와 상자에 책을 넣어 두는 것이다.'라고 하였으니, 한번만 눈을 붙여 책을 보면 잊지 아니하여 주머니나 상자 속에 책을 넣어둔 것과 같았기 때문이었다."(『註解千字文』)

▸ 우목낭상(寓目囊箱)에 대해서, 일설에는 "눈을 (반딧불) 주머니 상자에 부쳤다"고도 한다. 진식(陳寔)의 형설지공(螢雪之功)으로 해석한 것이다. 이렇게 해석한다면, "탐독완시요 우목낭상이라"라고 토를 달아야 할 것이다.

▸ 이는 위의 '옛 것을 구하여 논의를 찾는 것'을 이었다.(『千字文釋義』)

＊ 한 번 보면 글이 글 주머니와 책 상자처럼 다가온다. 곧 눈에 띄는 글자는 뱃속에 들어오게 된다.

100

易輶攸畏니 屬耳垣牆이라

解 釋

(말을) 쉽사리 가볍게 하는 것이 두려운 바니
(다른 사람의) 귀가 담장에 붙어있다.

意 譯

언어를 가벼이 하는 것이 두려운 바니
담장에도 다른 사람의 귀가 붙어 있어 후에 번거로움을
일으킬 수도 있다.

【訓音】

- 易(이) : 쉬울 이. 경솔할 이. 바꿀 역.
- 輶(유) : 가벼울 유. 가벼운 수레 유. 여기서는 가벼운 것을 가리킨다. 忽也, 輕也. 꾀, 계모 유. 계책 유.
- 攸(유) : 바 유. '바 소 所'와 같은 뜻으로 쓰이는 어조사.
- 畏(외) : 두려워할 외. 懼也.

【註解】

▸ 일설에는, 이 구를 "경솔한 계모가 두려운 것이니"라고 해석하고 있다.

▸ 畏敬(외경) : 두려워하면서 공경함.

【訓音】

● 屬(촉) : 붙일 촉. 부탁할 촉. 붙을 속.

● 耳(이) : 귀 이.

● 垣(원) : 담 원.

● 牆(장) : 담 장.

【註解】

▸ 속담에 "낮말은 새가 듣고 밤 말은 쥐가 듣는다." "발 없는 말이 천리 간다."라고 하였다. 말을 신중히 하라.

▸『詩經 · 大雅 · 烝民』, "사람들이 또한 이르기를, 덕은 가볍기가 털과 같으나, 사람들이 능히 덕을 행하는 이가 적다 한다(人亦有言, 德輶如毛, 民鮮克擧之)."

▸『詩經 · 小雅 · 小弁』, "군자는 말을 함부로 하지 마라. 귀가 담장에 붙어 있다(君子無易有由言, 耳屬于垣)."

▸ 牆有耳(장유이) : '담에도 귀가 있다'는 뜻으로, '비밀이 누설되기 쉬움'을 비유하는 말.

▸『中庸』, "군자는 홀로 있을 때를 삼간다(君子愼獨)."

▸ 앉아서도 주의해야 된다. 성찰공부, 조심하는 공부는 언제나 필요하다.

▸ 언어를 신중히 하는 것이 또한 처신의 방법이다.
언어를 가벼이 하지 말라. 이것이 바로 두려워하여야 할 것이니, 비록 담장이 막혔더라도 듣는 자가 그 사이에 연이어 있다. 내 입에서 나오면 바로 남의 귀에 들어가니, 두려워하지 않을 수 있겠는가.(『千字文釋義』)

* 말을 신중히 하기

101

具膳餐飯하니 適口充腸이라

解 釋

(음식을 먹는 데는) 반찬을 갖추어 밥을 먹음에
입에 맞고 창자[배]를 채운다.

意 譯

하루 삼찬의 요리를 준비하는 데는 평상시대로 하고
입맛에 맞고 배를 부르게 한다면 어느 것을 먹어도 같다.

【訓音】

- 具(구) : 갖출 구. 마련하다(辦也).
- 膳(선) : 반찬 선. 음식 선. =饍.
- 餐(찬) : 먹을 찬. =湌.「智永眞書千字文」에서는 "湌". 어떤 판본에는 "飧".
- 飯 : 밥 반.

【註解】

▸ 飯饌(반찬) : 밥에 곁들여 먹는 여러 가지 음식.

【訓音】

- 適 : 맞을 적. 便也. 마땅할 적. 즐거울 적.
- 口 : 입 구. 사람의 입모양을 본뜬 글자. 말할 구. 어귀 구.
- 充 : 채울 충. 가득할 충. 滿也.
- 腸 : 창자 장.

【註解】

▸ 이 두 구는 "반찬과 음식을 장만하니 입에 맞고 위장을 채운다."라고 이해할 수도 있다.

▸ 『論語 · 學而』, "공자가 말했다. '군자는 먹음에 배부름을 구하지 아니하며, 거처함에 편안함을 구하지 아니하고, 일에 민첩하고 말을 삼가며, 도가 있는 이에게 나아가 자기를 바로 잡는다면, 학문을 좋아한다고 할 것이다'(子曰, 君子食無求飽, 居無求安, 敏於事而愼於言, 就有道而正焉, 可謂好學也已.)"]

＊ 여기부터 "老少異糧"까지는 음식의 절도에 대해 말하였다.(『千字文釋義』)
＊ 식생활의 소박한 태도.

102

飽飫烹宰요 饑厭糟糠이라

解 釋

배부르면 삶은 고기도 싫증나고[느끼하고]
배고프면 지게미나 겨에도 만족한다.

意 譯

지나치게 배부르면 삶은 고기도 생각이 나지 않고
배가 고프면 술지게미나 겨에도 만족한다.

【訓音】

- 飽(포) : 배부를 포. 食多也.
- 飫(어) : 배부를 어. 실컷 먹을 어.
- 烹(팽) : 삶을 팽. 달일 팽. 煮也.
- 宰(재) : 도살할 재. 屠殺也. 요리할 재. 재상 재. 주장할 재.

【註解】

▸ 飫(어) : 포식(飽食)하다. 여기서는, 지나치게 배부르게 먹다.

▸ 烹宰(팽재) : 고기를 삶아 요리한 것. 고기요리. 진수성찬.

【訓音】

- 饑(기) : 주릴 기. = 飢. 餓也.
- 厭(염) : 싫을 염. 만족할 염. 足也. 물릴 염.
- 糟(조) : 지게미 조. 재강 조. 술을 거르고 난 뒤의 찌꺼기. 술의 찌꺼기[지게미](酒之滓).
- 糠(강) : 겨 강. 쌀의 껍질(米之皮).

【註解】

- 염(厭) : 여기서는, "배부르다, 만족하다"의 뜻이다.
- 糟糠(조강) : 지게미와 쌀겨. 곧 변변치 않은 음식의 비유.
- 糟糠之妻不下堂(조강지처불하당) : 가난할 때 고생을 같이 한 아내는 내치지 않는다. 조강지처는 가난하여 지게미나 쌀겨 같은 험한 음식을 먹으며 고생해 온 아내를 말한다.
- 『論語 · 雍也』, "공자가 말했다. '어질도다, 안회(顔回)여. 한 그릇의 밥과 한 표주박의 물을 마시며, 누추한 골목에서 사는 것을 사람들은 그 근심을 견디지 못하거늘, 안회는 그 즐거움을 고치지 않으니, 어질도다, 안회여.'(子曰 賢哉 回也. 一簞食, 一瓢飮, 在陋巷, 人不堪其憂, 回也不改其樂, 賢哉回也)."

✲ 시장이 반찬이다.

103

親戚故舊요 老少異糧이라

解釋

친족과 외척과 친구에게는
노인과 젊은이를 대접함에 양식을 달리한다.

意譯

친척이나 친구가 찾아 올 경우
장유(長幼)가 유별(有別)하니 음식을 대접함에 같아서는 안된다.

【訓音】

- 親(친) : 친할 친. 어버이 친. 몸소 친. 일가의 친족.
- 戚(척) : 친족 척. 겨레 척. 성이 다른 외가나 고종, 이종 등의 외척.
- 故(고) : 옛 고. 오래될 고. 연고 고. 죽을 고. 짐짓 고.
- 舊(구) : 옛, 예, 오랠 구.

【註解】

▸ 親舊(친구) : 오랜 세월을 두고 가깝게 사귄 벗. 예전에 알던 사람이다(昔所知識之人也).

▸ 姻戚(인척) : 외가와 처가의 혈족.

【訓音】

- 老(노) : 늙을 로. 익숙할 로. 어른 로. 年長者.
- 少(소) : 젊을, 어릴 소. 적을 소. 年幼者.
- 異(이) : 다를 이. 分別也.
- 糧(량) : 양식 량.

【註解】

▸ 『孟子 · 盡心上』 : “50세에는 비단옷이 아니면 따뜻하지 않고, 70세에는 고기가 아니면 배부르지 않다(五十非帛不煖, 七十非肉不飽).”

▸ 반찬을 마련하여 먹는 것은 오직 입에 맞게 하여 자신의 배를 채울 따름이다. 그러므로 배가 부르면 맛있는 음식이 있더라도 더 이상 실컷 먹을 수 없어서는 안되며, 배가 고프면 술지게미와 거친 겨일지라도 만족한다. 친척과 친구에 있어 노인과 젊은이에게는 그 음식을 분별하여야 한다. 노인은 고기가 아니면 배부르지 않고 젊은이는 거친 쌀로도 배를 채울 수 있으니, 절도가 없어서는 안된다.(『千字文釋義』)

＊ 상대에 따른 다른 음식 대접

104

妾御績紡이요 侍巾帷房이라

解 釋

아내나 모시는 시녀는 길쌈하고
커튼 친 방안에서 수건으로 (어른을) 모신다.

意 譯

일설에는, 첩과 부인은 남편을 모시고 길쌈하고,
(남편이 세수하고 오면) 수건을 가지고 침실에서 모신다.

意 譯

아내와 첩은 집안 일을 주로 하여 날마다 집에서
길쌈하는 일에 종사하고
커튼 친 방안에서 옷이나 수건을 건네주어 남편을 시봉한다.

【訓音】

- 妾(첩) : 첩 첩. 次于妻者.
- 御(어) : 어거할, 거느릴, 다스릴 어. 侍也. 말부릴 어. 경칭 어.
- 績(적) : 길쌈할, 실 자을 적. 績麻也. 공, 사업 적.

- 紡(방) : 자을, 실 뽑을 방.

【註解】

▸『禮記 · 內則』, "(남자가) 예법으로 맞이하면 처(妻)가 되고, (여자가) 예법이 없이 좇아가면 첩이 된다(聘則爲妻, 奔則爲妾)."

▸ 御(어) : 일설에는 '종사하다'는 뜻이라고 한다.

【訓音】

- 侍(시) : 모실 시. 받들 시. 심부름꾼 시.
- 巾(건) : 수건 건. 두건 건. 머리를 가린다는 뜻(蒙首之意).
- 帷(유) : 휘장 유. 커튼.
- 房(방) : 방 방. 室也.

【註解】

▸ 帷房(유방) : 커튼 친 방. 침실.

✻ 어른이 땀나거나 세수를 할 때 수건을 가지고 기다린다. – 부녀자의 직분

105

紈扇圓潔이요 銀燭煒煌이라

解 釋

비단 부채는 둥글고 깨끗하고
은빛 촛불은 휘황찬란하게 빛난다.

意 譯

비단으로 만든 둥근 부채는 깨끗하고 예쁘고
은빛의 촛불은 실내를 휘황찬란하게 비춘다.

【訓音】

- 紈(환) : 흰 비단 환.
- 扇(선) : 부채, 부채질할 선. 바람을 부르는 물건이다(招風之物).
- 圓(원) : 둥글 원. 「智永眞書千字文」에는 "員".
- 潔(결) : 깨끗할 결. 어떤 판본에는 "絜".

- 銀(은) : 은 은.
- 燭(촉) : 촛불 촉. 蠟炬也. 밝을 촉.
- 煒(위) : 밝을 위. 빛날 위. 「智永眞書千字文」에는 "瑋".

- 煌(황) : 빛날, 번쩍거릴 황.

【註解】

▶ 煒煌(위황) : 환하게 빛남.

＊ 부채와 촛불

106

晝眠夕寐하니 藍筍象床이라

解釋

낮에는 졸기도 하고 저녁에는 자기도 하니
쪽빛 대자리와 상아로 장식한 침상이라.

意譯

낮에는 휴식하고 밤에는 길게 자니
사용하는 것은 쪽빛 대자리와 상아로 장식한 침대이다.

【訓音】

- 晝(주) : 낮 주.
- 眠(면) : 잠잘 면. 졸음 면.
- 夕(석) : 저녁 석. 暮也.
- 寐(매) : 잠잘 매 ↔ 寤(깰 오).

【註解】

- ▸ 晝耕夜讀(주경야독) : 낮에는 농사짓고 밤에는 글을 읽음.
- ▸ 寤寐(오매) : 잠을 깨어 있을 때나 잘 때. 자나깨나.

▸ 夢寐(몽매) : 잠을 자며 꿈을 꿈.

【訓音】

- 藍(남) : 쪽 람. 푸른색을 물들이는 풀(染靑之草). 쪽빛 람.
- 筍(순) : 죽순 순.
- 象(상) : 코끼리 상. 형상 상. 본뜰 상.
- 床(상) : 평상 상. = 牀.

【註解】

▸『荀子』, "푸른 색은 쪽에서 나왔으나 쪽빛보다 더 푸르다(靑出於藍靑於藍)."

▸ 첩과 아내는 삼과 고치실로 실을 잣고, 수건과 빗을 들고 휘장 친 방안에서 남편을 모신다. 깁으로 부채를 만들어 둥글게 묶는다. 은빛 촛불이 빛난다. 낮에 눕고 밤에 자는데 남색의 대나무 자리와 상아로 꾸민 침대가 있으니, 아름다움이 이와 같다.(『千字文釋義』)

✲ 우아한 잠자리

107

絃歌酒讌하니 接杯擧觴이라

解釋

현악을 연주하고 노래를 하며 술 마시고 잔치하는데
잔을 받고 잔을 들어 권하기도 한다.

意譯

성대한 주연(酒宴)에는 가무와 노래가 따르는데
잔을 주고받으며 술을 마시니 기분좋고 거나하다.

【訓音】

- 絃(현) : 악기 줄, 현악기 현. 어떤 판본에는 “弦”.
- 歌(가) : 노래 가. 唱也.
- 酒(주) : 술 주.
- 讌(연) : 잔치 연. 어떤 판본에는, “宴”. 술을 차려 손님을 모으다(置酒以會客也).

【註解】

▶ 讌會(연회) : = 宴會. 여러 사람이 모여 주식(酒食)을 베풀고 가창(歌唱)

무도 등을 하는 일.

【訓音】

- 接(접) : 맞을, 이을 접. 受也.
- 杯(배) : 잔 배.
- 擧(거) : 들 거. 온통, 다 거.
- 觴(상) : 술잔 상.

【註解】

▸ 擧手(거수) : 손을 위로 들어 올림.

▸ 擧國(거국) : 온 나라. 전국.

▸ 濫觴(남상) : 사물의 처음. 시작. 큰 강도 근원을 따라 올라가면 잔을 띄울 만한 세류(細流)라는 뜻에서 온 말. 기원.

✲ 주연에서의 술 권하기

108

矯手頓足하니 悅豫且康이라

解 釋

(연회에서 흥이 나면) 손을 들고 발을 구르며 춤추기도 하니
기쁘고 기쁘며 또 마음이 편안하다.

意 譯

흥이 나서 손을 흔들며 춤을 추고 발로 구르니
즐거움에 서로 술을 권하며 편안하기를 기원한다.

【訓音】

- 矯(교) : 들 교. 바로잡을 교. 높이 드는 모양(高擧之貌).
- 手(수) : 손 수.
- 頓(돈) : 조아릴 돈. 가지런히 할 돈. 以足着地. 갑자기 돈.
- 足(족) : 발 족.

【註解】

- ▸ 頓首(돈수) : 머리가 땅에 닫도록 절함.
- ▸ 整頓(정돈) : 가지런히 하여 바로잡음.

▸ 頓悟(돈오) : 별안간 깨달음.

【訓音】

- 悅(열) : 기쁠 열. 喜也.
- 豫(예) : 기뻐할 예. 喜也. 미리 예.
- 且(차) : 또 차.
- 康(강) : 편안할 강. 安樂也.

【註解】

▸ 悅豫(열예) : 기쁘다. 쌍성연면어(雙聲連綿語)이다.
▸ 豫感(예감) : 무슨 일이 있기 전에 암시적으로 또는 육감으로 미리 느낌.
▸ 豫習(예습) : 미리 학습함. 미리 익힘.
▸ 康寧(강녕) : 건강하고 마음이 편안함.

▸ 풍악을 울리고 술을 차려 빈객을 모시어 잔치를 연다. 잔을 든 이는 손을 높이 들고, 현악기 노래를 듣는 이는 발로 땅을 굴러 가락을 맞춘다. 그러니 마음이 즐겁고 편안하다.(『千字文釋義』)

* 술자리에서 흥겨워 춤추기

109

嫡後嗣續하니 祭祀蒸嘗이라

解 釋

맏아들 자손[적장자嫡長子]이 대를 이으니
(봄, 여름) 가을[상嘗 제사], 겨울[증蒸 제사]의 제사를 지낸다.

意 譯

자손들이 대대로 이어 나가니
철마다 제사를 지내 조상님께 (자신들에게) 복을 주기를 기원한다.

【訓音】

- 嫡(적) : 정실, 본마누라 적. 妻所生之子也.
- 後(후) : 뒤 후. 承祖父之宗者也.
- 嗣(사) : 이을, 대 이을 사. 잇다, 계승하다(繼也).
- 續(속) : 이을 속. 接也.

【註解】

▸ 嫡子(적자) : 정실 아내가 나은 아들. 적장자는 계승권을 갖는다. ↔ 庶子(서자).

▸ 後嗣(후사) : 대를 잇는 자식.
▸ 續刊(속간) : 정지되었던 신문이나 잡지를 다시 간행함.

【訓音】

- 祭(제) : 제사 제.
- 祀(사) : 제사 사.
- 蒸(증) : 겨울제사 증. 찔 증.
- 嘗(상) : 가을제사 상. 맛볼 상. 일찍 상.

【註解】

▸ 祭祀(제사) : 신령에게 음식을 바쳐 정성을 표하는 예절. 음식을 조상에게 바치는 것을 '제사'라고 한다(以飮食享其先人曰祭祀).
▸ 『中庸』, "공자가 말했다. '귀신의 덕이 지극하다. 보아도 보이지 않으며 들어도 들리지는 않으나, 사물의 본체가 되어 빠뜨릴 수 없다.'(子曰, 鬼神之爲德, 其盛矣乎, 視之而弗見 聽之而弗聞 體物而不可遺)"
▸ 『禮記 · 王制』, "천자와 제후가 종묘에서 제사를 지냄에, 봄제사를 "약(礿)"이라 하고, 여름제사를 '체(禘)'라 하고, 가을제사를 '상(嘗)'이라 하고, 겨울제사를 '증(烝)'이라 한다(天子諸侯宗廟之祭, 春曰礿, 夏曰禘, 秋曰嘗, 冬曰烝)."
▸ 실지로는 봄, 여름, 가을, 겨울에 모두 제사가 있다. 여기서 가을제사와 겨울제사만 얘기한 것은 천자문이 4언시라 글자의 제한을 받기 때문이다. 또 운을 맞추기 위해 가을제사(嘗)와 겨울제사(蒸)를 도치하였다.

✲ 계절마다 조상께 제사지내기

110

稽顙再拜하니 悚懼恐惶이라

解 釋

(제사를 지낼 때에는) 이마를 조아리고 (땅에 대고) 두 번 절하니 (조상께 모든 것이) 송구스럽고 황송하다.

意 譯

이마를 조아리고 땅에 대고 예의에 맞추어 두 번 절하니 진실로 황송하여 예의를 잃을까봐 두려워한다.

【訓音】

- 稽(계) : 조아릴 계. 생각할 계.
- 顙(상) : 이마 상. 額也.
- 再(재) : 두 재. 거듭, 재차 재. 重也.
- 拜(배) : 절 배. 以手伏地也.

【註解】

▶ 稽顙(계상) : 이마가 땅에 닫도록 등을 굽혀 절함. = 계수(稽首). 이마를 땅에 대다(以額至地也). 극도로 슬프거나 감격하는 심정을 가리킨다.

▸ 再拜(재배) : 두 번 절함.

【訓音】

- 悚(송) : 두려워할, 송구스러울 송.
- 懼(구) : 두려워할 구.
- 恐(공) : 두려울 공.
- 惶(황) : 두려워할 황.

【註解】

▸ 悚, 懼, 恐, 惶(송구공황) : 모두 두려워하는 뜻이니, 그 공경이 지극함을 말한다(畏怖之意, 甚言其敬之至也).

▸ 悚懼(송구) : 마음에 두렵고 거북함.

▸ 罪悚(죄송) : 죄스럽고 황송함.

▸ 惶恐(황공) : 높은 자리에 눌려 두려움. = 황송(惶悚).

▸ 적장자가 그 할아버지와 아버지의 뒤를 이어 사철의 제사에 예를 다한다. 그 제사는 반드시 공경하여 머리를 땅에 대고 거듭 절하니 깊이 경외(敬畏)를 다한다.(『千字文釋義』)

✲ 조상께 제사지낼 때의 송구스럽고 황송스러운 마음

111

牋牒簡要요 顧答審詳이라

解 釋

편지는 간략하며 요점적이어야 하고
돌아보고 답하는 데는 살피길 자세하게 하라.

意 譯

편지의 문장은 간명하고 요점을 잡아야 하고
묻고 답하는 데는 신중하고 자세히 해야 한다.

【訓音】

- 牋(전) : 편지, 문서 전. 장계 전. 어떤 판본에는, "箋".
- 牒(첩) : 편지, 공문서 첩.
- 簡(간) : 간략할 간. 대쪽 간. 略也.
- 要(요) : 요약할 요. 요점. 사북, 근본 요. 묶다(約也). 구할, 원할 요.

【註解】

▸ 牋牒(전첩) : 서신문장. 편지. 공문서.

【訓音】

- 顧(고) : 돌아볼 고. 回視也.
- 答(답) : 대답할 답. 對也.
- 審(심) : 살필 심. 熟察也.
- 詳(상) : 자세할 상. 備也.

【註解】

▸ '顧'는 『註解千字文』에서는 '안부하다(通候)'로, 『千字文釋義』에서는 '돌아보다(回視也)'로 해석하고 있다.

▸ 三顧草廬(삼고초려) : 중국 삼국 시대에, 유비(劉備)가 제갈량(諸葛亮)의 초려(草廬)를 세 번이나 찾아서 마침내 그를 군사(軍師)로 삼은 일.

▸ 남과 응접하는 자는 편지에서 그 요점과 간략함을 다하여 읽는 자로 하여금 번거롭지 않게 한다. 말로써 남을 대하는 경우, 그 이치를 익히 살펴서 말하여 듣는 자로 하여금 두루 알게 한다. 비록 상세하고 간략함은 같지 않지만 각기 방법이 있음이 이와 같다.(『千字文釋義』)

＊ 여기서는 응대하는 방법을 말하고 있다.(『천자문석의』)
＊ 편지를 쓰는 자세 – 간단, 요점

112

骸垢想浴이요 執熱願凉이라

解 釋

몸에 때가 묻었으면 목욕할 생각을 하고
뜨거운 것에 닿았거든 서늘하길 원한다(시원한 물에 손 담그기를 원한다).

意 譯

몸이 더러워졌으면 목욕할 생각을 하고
혹서(酷暑)에 참기 어려울 때는 좀 일찍 서늘해지기를 바란다.

【訓音】

- 骸(해) : 몸 해. 身體也. 뼈, 해골 해.
- 垢(구) : 때 구. 때 묻을, 더러울 구. 더럽다(汚穢也).
- 想(상) : 생각할, 생각 상. 思也.
- 浴(욕) : 목욕 욕. 멱감을 욕. 몸을 씻다(澡身也).

【註解】

▸ 無垢(무구) : 더러움이 없음. 곧 때가 묻지 아니하고 깨끗함.

【訓音】

- 執(집) : 잡을 집. 持也.
- 熱(열) : 뜨거울, 더울, 열 열.
- 願(원) : 원할 원. 欲也.
- 凉(량) : 서늘할 량. 寒氣也.

【註解】

▸ 納凉 : 여름에 더위를 피하여 서늘한 바람을 쐼.

▸『詩經 · 大雅 · 桑柔』, "누가 뜨거운 물건을 쥐면서 손을 씻지 않겠는가(誰能執熱, 逝不以濯)."

▸ 몸의 더러운 것은 씻어서 깨끗하게 하길 생각하고, 뜨거운 것을 잡은 경우에는 찬 기운으로 그것을 풀기를 바란다. 사람의 감정이 모두 같다.(『千字文釋義』)

▸ 뜨거운 것을 잡았으면 서늘한 곳에 넣어야 한다. 어느 때나 자태는 달라도 항상 공경 "敬"자를 가슴에 간직하고 있어야 한다.

＊ 인간의 상정(常情)

113

驢騾犢特은 駭躍超驤이라

解 釋

(가축이 번성하여) 나귀와 노새와 송아지와 수소[숫소] 네 짐승들은 놀래 뛰고 뛰고 달린다.

【訓音】

- 驢(여) : 나귀, 당나귀 려.
- 騾(라) : 노새 라. 수나귀와 암말 사이에 난 튀기. 나귀가 아버지이고 말이 어머니이다(驢父馬母也).
- 犢(독) : 송아지 독. 牛子也.
- 特(특) : 수소 특. 소의 수컷. 아비 소이다(牛父也). 특별할 특.

- 駭(해) : 놀랄 해. 驚也.
- 躍(약) : 뛸, 뛰어오를 약. 跳也.
- 超(초) : 뛰어넘을 초. 뛰어 지나가다(躍而過也). 뛰어날 초. 초탈할 초.
- 驤(양) : 달릴 양. 뛰어오르다(騰躍也).

【註解】

- ▶ 駭怪(해괴) : 놀라 이상하게 여김.
- ▶ 躍動(약동) : 뛰어 움직임. 생기 있고 활발하게 움직임.
- ▶ 이 네 종류의 가축이 놀라 뛰니 그 재질은 쓸 만하다. 가축의 번식함을 말하고 있다.(『천자문석의』)

＊ 약동하는 네 가축

114

誅斬賊盜요 捕獲叛亡이라

解 釋

도적을 주살해 버리고
배반한 사람[반역자]이나 도망간 사람[도망자]을 잡아들인다.

意 譯

법률이 엄하여 도적은 죽이고
반역자나 도망간 사람은 잡아 죽인다.

【訓音】

- 誅 : 벨 주. 죽이다(戮也). 벌줄 주.
- 斬 : 벨, 끊을 참. 殺也. 매우 참.
- 賊 : 도둑, 도둑질, 훔칠 적. 사람을 죽이기를 꺼리지 않는 것을 적(賊)이라 한다(殺人不忌曰賊). 해칠 적. 역적, 원수 적.
- 盜 : 도둑, 도둑질할 도. 재물을 훔치는 것이 도둑이다(竊賄爲盜).

【註解】

▶ 斬首(참수) : 목을 베어 죽임.

▸ 賊反荷杖(적반하장) : 도둑이 도리어 몽둥이를 듦. 곧 '잘못한 사람이 도리어 성을 내는 것'을 비유하여 이르는 말.

【訓音】

- 捕 : 잡을, 붙잡을 포. 사로잡다(擒也).
- 獲 : 얻을 획. 得也.
- 叛 : 배반할, 저버릴 반. 등지다(北也).
- 亡 : 달아날 망. 逃也. 망할 망. 잃을 망. 죽을 망.

【註解】

▸ 환난을 대비하는 사람은 도둑은 죽이고, 배반하여 도망간 자는 반드시 사로잡은 후에 환난이 없게 된다.(『千字文釋義』)

※ 도적 및 반역자, 도망자의 처치

115

布射僚丸과 嵇琴阮嘯와

解釋

여포(呂布)의 활쏘기와 웅의료(熊宜僚)의 탄환[탄알, 탄자]던지기요 혜강(嵇康)의 거문고와 완적(阮籍)의 휘파람이라.

意譯

여포는 활쏘기에 능했고, 웅의료는 탄환을 가지고 노는 것을 잘했으며 혜강은 거문고를 잘 연주했고, 완적은 휘파람을 잘 불었다.

【訓音】

- 布(포) : 베 포. 펼 포. 여기서는 여포이다(呂布也).
- 射(사) : 쏠 사. 화살을 쏘다(發矢也). 벼슬이름 야.
- 僚(료) : 동료 료. 관리 료. 여기서는 웅의료이다(熊宜僚也). 「智永眞書千字文」에는 "遼".
- 丸(환) : 알 환. 탄환 환. 彈也.

【註解】

▶ 布(포) : 여포(呂布). 삼국시대 서주자사(徐州刺史)로 화살을 잘 쏘았다.

일찍이 영문(營門)에서 극(戟 : 가지창)을 쏘아서, 유비(劉備)와 원술(袁術)의 대장 기령(紀靈)의 싸움을 해결하였다.

유비와 원술이 서로 공격하자, 여포가 말하기를, "저는 싸움 붙이기를 좋아하지 않고 다만 싸움을 풀기를 좋아할 뿐입니다."라고 하고, 가지창(戟)을 군영 앞에 세우게 하고는 말하기를, "여러분들께서 제가 가지창의 작은 가지를 활로 쏘는 것을 보시어 한 번에 맞히거든 여러분들께서는 싸움을 풀고 떠나셔야 합니다."하고는, 즉시 활을 들어 가지창을 쏘아 작은 가지를 정확하게 맞추었다.(『千字文釋義』)

▸ 료(僚) : 웅의료(熊宜僚). 춘추시대 초나라의 용사로, 탄환(彈丸)을 가지고 노는 것을 잘 했다. 초나라와 송나라의 전쟁에서, 그는 진(陣) 앞에서 탄환을 가지고 노는 것을 공연하여 송나라 군사의 주의력을 분산시켜 초나라 군대로 하여금 송나라 군대를 대파시키게 했다. 기록에 따라서는, 웅의료의 탄환은 3개라 하기도 하고, 9개라 하기도 한다.

【訓音】

- 嵇(혜) : 산 이름 혜. 성 혜. 여기서는 혜강이다(嵇康).
- 琴(금) : 거문고 금.
- 阮(완) : 성 완. 여기서는 완적이다(阮籍).
- 嘯(소) : 휘파람 불 소. 읊조릴 소.

【註解】

▸ 嵇(혜) : 혜강(嵇康). 삼국시대 위(魏)나라의 문인. 죽림칠현 중의 한 사람. 자는 숙야(叔夜). 초군(譙郡 : 안휘성 宿州) 출신. 완적과 함께 이름을 떨쳤다. 젊어서 박학다문한데다 서화(書畵)와 비파 연주에 능했다. 노

장(老莊)의 자연주의, 양성(養性)사상을 좋아했으며, 유가의 예교사상에 반대했다. 관직은 중산대부(中散大夫)를 지냈다. 위(魏)의 종실과 인척관계였으므로 사마씨(司馬氏)의 전권에 반대하여 피살되었다.

▸ 금(琴) : 악기 이름. 금(琴)에는 여러 가지가 있어 우리나라의 거문고와 조금 다른데, 여기서는 편의상 거문고라 칭하겠다.

▸ 완(阮) : 완적(阮籍). 삼국시대 위(魏)나라의 문인. 죽림칠현 중의 한 사람. 완우(阮瑀)의 아들. 위 왕조 하에서 보병교위(步兵校尉)의 관직을 지냈으므로 세칭 완보병(阮步兵)이라고도 했다. 당시 집권하던 사마씨 집단의 모순을 보고 염세에 빠져 음주와 시로 일생을 살았다. 술과 미친체하는 수법으로 복잡한 정치현실에서 도피하였다고 한다. 철학적 입장은 노장사상에 가까웠으며, 예교(禮敎)를 멸시하고 예속(禮俗)에 빠진 선비들을 백안시하였다. 문학적으로는 오언시에 능했다. 「영회(詠懷)」 시 80여 수는 옛것을 빌어 당시를 풍자한 내용으로 언어가 간결하면서도 고민하고 방황하는 자신의 내밀한 뜻을 함축하고 있다. 휘파람에 뛰어났으며, 매양 길을 끝까지 가다가 막힌 곳에 이르면 통곡했다고 한다.

▸ 竹林七賢(죽림칠현) : 중국 진(晉)나라의 초기에 노자(老子)와 장자(莊子)의 허무(虛無)의 학(學)을 숭상하여 죽림에 모여 청담(淸談)을 일삼았던 일곱 명의 선비. 곧 산도(山濤), 왕융(王戎), 유영(劉伶), 완적(阮籍), 완함(阮咸), 혜강(嵇康), 상수(向秀).

▸ 춘추시대의 웅의료가 후한시대의 여포보다 시대상으로 앞서나, 여기서는 도치되었다.

✻ 4인의 특기 – 여포의 활쏘기, 웅의료의 탄자던지기, 혜강의 거문고 연주, 완적의 휘파람.

116

恬筆倫紙와 鈞巧任釣은

解 釋

몽염(蒙恬)이 만든 붓과 채륜(蔡倫)이 만든 종이와
마균(馬鈞의 공교로운 재주와 전국시대 임공자(任公子)의 낚시라.

意 譯

몽염은 붓을 만들었고, 채륜은 종이를 발명했으며
마균은 일대(一代)의 뛰어난 기술자이고, 임공자는 낚시질을 잘 하였다.

【訓音】

- 恬(염) : 편안할 념. 몽염(蒙恬).
- 筆(필) : 붓 필.
- 倫(륜) : 인륜 륜. 사람으로서 지켜야 할 떳떳한 도리. 채륜(蔡倫).
- 紙(지) : 종이 지.

【註解】

▸ 몽염(蒙恬) : 진(秦)의 명장. 선조는 전국시대 제(齊)나라 사람이나 조부 때부터 진나라에서 장수로 활약했다. 제나라를 멸망시킨 일등 공신이며

통일 진 성립 후 흉노를 쳐서 하내(河內 : 내몽고 하투河套)일대)를 수복했다. 시황제의 명을 받들어 만리장성을 축성하였다. 진시황 사후 조고(趙高)의 계책에 밀려 자살했다.

▸ 채륜(蔡倫) : ?~121. 동한(東漢)의 과학자. 종이 발명가. 자는 경중(敬仲). 계양(桂陽 : 호남성 뇌양(耒陽) 출신. 한 명제(明帝) 때 낙양(洛陽)에 들어가 환관이 되었으며, 장제(章帝) 때 소황문(小黃門), 화제(和帝) 때 중상시(中常侍)와 상방령(尙方令)의 관직을 지내면서 조정에서 수공업 생산을 맡았다. 원흥(元興) 원년(105) 나무껍질 등을 이용하여 종이 만드는 신기술을 개발하였다. 이 공로로 화제(和帝)로부터 용정후(龍亭侯)에 봉해졌다.

【訓音】

- 鈞(균) : 무게 단위 균. 30斤. 마균(馬鈞).
- 巧(교) : 공교로울 교, 예쁠 교.
- 任(임) : 맡길 임. 마음대로 할 임. 성 임.
- 釣(조) : 낚시 조. 낚을 조. 미끼로 물고기를 잡는 것이다(以餌取魚).

【註解】

▸ 鈞(균) : 마균(馬鈞). 위(魏)나라 부풍(扶風) 사람. 저명한 기술자로 용골수차(龍骨水車)를 발명하였고, 창의적으로 다시 지남거(指南車 : 고대에 방향을 지시하는 수레)를 만들었으며, 연노(連弩), 발석기(發石機) 등의 병기(兵器)를 만들었다. 또 나무 사람을 만들었는데 뛰어 춤을 출 수 있어 사람과 다름이 없었다고 한다.

▸ 임(任) : 임공자(任公子). 임(任)은 성이다. 임(任)나라의 공자라고도 한다.

전설에 그는 낚시의 신인(神人)으로, 소를 낚시의 미끼로 하여 동해로 가서 큰 물고기를 낚았는데, 둘레의 천리 안에 있는 사람이 모두 다투어 물고기를 먹었다고 한다.

▶『莊子 · 外物』, “임공자는 커다란 낚시 바늘과 굵은 검은 줄을 만들어 오십 마리의 소를 미끼로 해서 회계산에 앉아 낚싯대를 동해에다 던져 놓고 매일 아침마다 낚시를 했으나 일 년이 되어도 물고기를 잡지 못했다. (그러나) 이윽고 큰 고기가 미끼를 물어 커다란 낚시 바늘을 끌고 물속으로 들어갔다가 솟구쳐 올라 등지느러미를 떨치니 흰 파도가 산더미 같고 바닷물은 출렁이며 그 소리는 귀신같아 천리 사방 사람들이 두려움에 떨었다. 임공자는 이런 물고기를 잡아 갈라내서 포(脯)를 만들었다. 절강에서 동쪽, 창오로부터 북쪽에 사는 사람들은 모두 이 물고기를 배불리 먹을 수 있을 정도였다(任公子爲大鉤巨緇, 五十犗以爲餌, 蹲乎會稽, 投竿東海, 旦旦而釣, 期年不得魚. 已而大魚食之, 牽巨鉤, 錎沒而下, 鶩揚而奮鬐, 白波若山, 海水震蕩, 聲侔鬼神, 憚赫千里. 任公子得若魚, 離而腊之, 自制河以東, 蒼梧已北, 莫不厭若魚者).”

▶“옛날에는 대나무를 깎아 책을 만들어 옻을 칠해서 글씨를 썼는데, 진(秦)나라의 몽염이 처음으로 토끼털 붓과 송연묵(松煙墨 : 소나무를 태운 그을음과 아교를 섞어 만든 먹)을 만들었으며, 후한의 환관인 채륜이 처음으로 닥나무 껍질과 썩은 솜을 이용하여 종이를 만들었다. 위(魏)나라의 마균은 뛰어난 생각이 있어 지남거(指南車)를 만들었는데, 수레 안에 나무로 만든 사람이 있어 손가락이 반드시 남쪽을 지향하였으며, 전국시대 임공자는 백균(百鈞 : 1鈞은 30근)의 갈고리를 만들어 동해에 낚싯대를 드리워 큰 고기를 낚았다.”(『註解千字文』)

✲ 4인의 발명과 능력 – 몽염의 붓, 채륜의 종이, 마균의 지남거, 임공자의 낚시질

117

釋紛利俗하니 竝皆佳妙라

解 釋

(위의 여덟 사람은) 어지러운 것을 풀어주고 풍속을 이롭게 하니 아울러 모두 (재주가) 아름답고 묘하다.

意 譯

그들은 혹은 분규를 잘 해결해 주었고, 혹은 발명과 창조에 능했으며, 혹은 성격이 독특해 뛰어난 점이 있어서,
이 때문에 사회와 세상 사람들에게 이로움을 주었다고 일컬어졌다.

【訓音】

- 釋(석) : 풀 석. 解也. 부처 석.
- 紛(분) : 어지러울, 엉클어질 분. 煩亂也.
- 利(리) : 이로울 리. 便也. 날카로울 리. 이자 리.
- 俗(속) : 풍속 속. 속될 속. 인간세상 속. 世俗也.

- 竝(병) : 아우를 병. 나란할 병. 並은 略字. 「智永眞書千字文」에는 "並".

- 皆(개) : 다, 모두 개. 俱也.
- 佳(가) : 아름다울 가. 좋을, 훌륭할 가. 善也.
- 妙(묘) : 묘할 묘. 예쁠 묘. 젊을 묘. 好也.

* 이는 기물 사용의 이로움과 기예의 정밀함을 말하고 있다. 이상 8인의 뛰어난 재주는 번거로운 것을 풀어주고 어지러운 것을 다스려서 세상의 쓰임을 편하게 해주었으니 훌륭하고도 좋다.(『千字文釋義』)

118

毛施淑姿는 工嚬姸笑라

解 釋

(절세미인) 모장(毛嬙)과 서시(西施)의 아름다운 자태는
찡그려도 예쁘고 웃어도 예쁘다[보기 좋게 찡그리고 예쁘게 웃는다].

意 譯

미녀 모장과 서시는 모두 용모가 아름다워
찡그려도 예쁘고 웃어도 예뻐 사람을 감동시킨다.

【訓音】

- 毛(모) : 털, 터럭 모. 여기서는 '모장'이다(毛嬙也).
- 施(시) : 베풀 시. 여기서는 '서시'이다(西施也).
- 淑(숙) : 맑을 숙. 착할 숙. 美也. 사모할 숙.
- 姿(자) : 맵시, 모습 자. 容也.

【註解】

▶ 모(毛) : 모장(毛嬙). 서시(西施)와 병칭되는 옛날 미인의 이름.
『莊子 · 齊物論』, "모장과 여희는 사람들이 아름답다고 하는 미인들이

지만, 물고기가 보고는 깊이 숨고, 새가 보고는 높이 날아오르며, 순록과 사슴이 보고는 급히 달아난다(毛嬙麗姬, 人之所美也. 魚見之深入, 鳥見之高飛, 麋鹿見之決驟).”

▶ 시(施) : 서시(西施). 춘추시대 월(越)나라의 미인. 서자(西子)라고도 한다. 월나라 왕 구천(句踐)이 회계(會稽)에서 패하고 나서 범려(范蠡)가 서시를 데려다가 오(吳)나라 왕 부차(夫差)에게 바치고, 부차가 미혹되어 정치를 잊게 하여 후에 월나라가 마침내 오나라를 망하게 하였다. 전설에 서시는 범려에게 돌아가서 함께 배를 타고 오호(五湖)로 떠났다고 한다.

▶ 『莊子 · 天運』, “서시가 가슴을 앓아 마을에서 얼굴을 찡그리고 다녔는데, 그 마을의 추녀가 그녀를 보고 아름답게 여겨 돌아가 역시 (손으로) 가슴을 받치고 마을에서 얼굴을 찡그리고 다녔다. 그 마을의 부자(富者)가 이를 보고 문을 굳게 잠근 채 밖에 나오지 않았으며, 가난한 사람은 그를 보고는 처자를 데리고 떠나갔다. 그녀는 (서시가) 얼굴을 찡그리는 모습이 아름다운 것만 알고 얼굴을 찡그리는 것이 아름다운 이유를 알지 못했다(西施病心而矉其里, 其里之醜人見之而美之, 歸亦捧心而矉其里. 其里之富人見之, 堅閉門而不出, 貧人見之, 挈妻子而去走. 彼知矉美, 而不知矉之所以美).”

【訓音】

- 工(공) : 공교할 공. 잘할 공. 善也. 장인 공. 일 공.
- 嚬(빈) : 찡그릴, 찌푸릴 빈. 눈썹을 찌푸리다(蹙眉也). 어떤 판본에는 “顰”. 이는 이체자(異體字)이다.
- 姸(연) : 고울, 아름다울 연. 好也.
- 笑(소) : 웃을 소. 기뻐서 얼굴을 펴다(喜而解顔也).

【註解】

▸ 嚬蹙(빈축) : 얼굴을 찡그림.

▸ 效顰(효빈) : 맥락도 모르고 덩달아 흉내 냄. 의 결점을 장점인 줄로 알고 본뜸.

▸ 설사 찡그리더라도 그 요염함이 사람을 감동시킨다.

▸ 이는 아름다운 미인을 멀리해야 함을 말하였으니, 또한 처신의 도이다.

여자 용모의 아름다움이 옛날의 모장이나 서시와 같으면, 찡그려도 예쁘며 교태롭게 웃어 충분히 사람을 미혹시킬 만하다.(『千字文釋義』)

✲ 미인의 자태

119

年矢每催하니 曦暉朗耀라

解 釋

해는 화살같이 (빨라서) 매양 (세월을) 재촉해 가는데
희씨의 해[태양]는 밝게 빛난다.

意 譯

세월은 화살같이 사람을 재촉해 늙어가게 하고
태양의 빛은 밝게 사방을 비춘다.

【訓音】

- 年(년) : 해 년. 歲也. 나이 년.
- 矢(시) : 화살 시. 물시계바늘이다(漏矢也).
- 每(매) : 매양, 늘, 항상 매. 자주(頻也).
- 催(최) : 재촉할 최. 促也.

【註解】

- ▶ 矢 : '화살'로 봐도 무방하고, '물시계바늘'로 보아도 모두 가능하다.
- ▶ 연시(年矢) : 시간은 화살과 같다.

【訓音】

- 曦(희) : 햇빛, 햇살 희. 日之光.
- 暉(휘) : 빛, 빛날 휘. 日之光.
- 朗(랑) : 밝을 랑. 明也. 소리 또랑또랑할 랑.
- 耀(요) : 빛날 요. 照也.

【註解】

▸ 曦暉(희휘) : 햇빛. 성(聲)이 같은 두 글자가 이어서 한 의미를 이루는 쌍성연면어이다.

▸ 『書經 · 虞書 · 堯典』, "이에 희씨, 화씨에게 명하여 하늘을 공경히 따라서 해와 달과 별을 역상(曆象 : 책력으로 기록하고 觀象하는 기구로 관찰함)하여 백성들의 농사철을 공경히 주게 하였다(乃命羲和, 欽若昊天, 厤象日月星辰, 敬授人時)."

▸ "희화(羲和)는 요순시대에 책력을 주관하던 관직이었다. 그러므로 해를 희휘(羲暉)라 한 것이니, 햇빛이 밝게 비추고 운행하여 쉬지 않음을 말한다."(『註解千字文』)

羲和(희화) : 희씨(羲氏)와 화씨(和氏). 전설에 요임금이 희중(羲仲), 희숙(羲叔)과 화중(和仲), 화숙(和叔) 양쪽 형제에게 명령하여 사방에 나누어 머물면서 하늘의 상징을 살피고 아울러 역법을 만들게 하였다. 태양을 대신 가리킨다.(이충구 역)

✲ 세월의 빠른 흐름

120

璇璣懸斡하여 晦魄環照라

解釋

선기(璇璣 : 혼천의渾天儀]가 (공중에) 매달려 돌아
달이 그믐에는 어둡고 (보름달 뒤에는) 검은 부분이 생겨 돌아가며 비춘다.

意譯

선기옥형(璇璣玉衡 : 혼천의)은 매달려 돌아
그믐달에는 (밝음이 소진되었다가 보름달 뒤에는) 검은 부분이 생겨 순환하여 비춘다.(이충구 역)

意譯

선기옥형은 (공중에) 매달려 돌면서 하늘의 운행에 응해
달이 초승달 - 반달 - 그믐달로 순환하여 비춘다.

【訓音】

- 璇(선) : 아름다운 옥 선. 美珠也. 「智永眞書千字文」에는 "旋".
- 璣(기) : 구슬 기. 천체의 모형 기. 틀(機也).
- 懸(현) : 매달, 걸 현. 동떨어질 현. 허공에 매달리다(繫于空處也).

- 斡(알) : 돌, 주선할 알. 轉也.

【註解】

▸ 璇璣(선기) : 선기옥형(璇璣玉衡)의 준말. 천체의 운행과 그 위치를 관측하는 기계. 혼천의(渾天儀). 일설에는 '북두칠성의 네 번째 별'로 '북두칠성'을 가리킨다고 함.

▸ 『書經 · 虞書 · 舜典』, "선기옥형으로 살피어 칠정[日月과 五星]을 고르게 하였다(在璿璣玉衡, 以齊七政)."

▸ 璇璣懸斡(선기현알) : 아름다운 옥을 틀 위에 매어 여러 별의 자리를 형상하고 공중에 매달아 돌려서 하늘의 운행에 응하는 것이다.(『千字文釋義』)

【訓音】

- 晦(회) : 그믐 회. 어두울 회. 月盡也.
- 魄(백) : 넋 백. '혼(魂)'은 양(陽)으로서 정신을, '백(魄)은 음으로서 육체를 주관한다. 달의 검은 부분(月體之黑者).
- 環(환) : 고리 환. 두를 환. 還也.
- 照(조) : 비출, 비칠 조.

【註解】

▸ 魄(백) : 어두움. 재생명(哉生明)은 음력 초사흗에 달이 비로소 밝음이 생기는 것이다. 재생백(哉生魄)은 음력 16일에 비로소 어둠이 생기어, 달이 기울기 시작하는 것이다.

▸ 晦魄環照(회백환조) : 이는 달이 그믐이 되면 광채가 없고 다만 형체의 검은 부분만 있다가 다음 달에 이르러 또다시 밝음이 생겨서 순환하여

서로 비춘다는 의미이다.(『千字文釋義』) 이충구 역.

▶ 『孟子 · 離婁下』 : "하늘이 지극히 높고 별들이 멀리 있지만, 단지 자연히 그러한 바를 탐구할 수 있다면, 천년 후의 동지(冬至)도 가만히 앉아서 미루어 알 수 있다(天之高也, 星辰之遠也, 苟求其故, 千歲之日至, 可坐而致也)."

▶ "기(璣)는 틀이다. 구슬로 틀을 장식하여 매달아놓아 돌게 하니, 천체의 회전을 본떴다. 회백(晦魄)은 달그림자가 그믐이면 밝음이 소진하고, 초하루면 밝음이 소생하며, 보름 뒤에는 백(魄 : 검은 부분)이 생기니, 날짜가 오가며 순환하여 밝게 비춘다."(『註解千字文』)

▶ 이 구는 달이 찼다가 이지러져, 그믐달 – 초승달 – 반달 – 보름달로 순환되는 모습을 말했다.

✲ 천체의 회전과 달의 순환

121

指薪修祜하니 永綏吉劭라

解釋

나무 섶을 가리키며 복을 닦으니
영원히 편안하고 매우 길하다.

意譯

나무 섶이 타 재가 되어도 불이 전해지듯이 복을 닦으니
길이 편안히 높이 (집이) 흥한다.

意譯

나무꾼이 땔나무를 한 섬 두 섬 쌓듯이 학문을 닦기를 차근히 한다면
영원히 편안하고 길하게 된다.

意譯

덕을 수양하고 복을 쌓아 자손이 전해 이으니
영원히 편안하고 길하게 된다.

【訓音】

- 指(지) : 가리킬 지. 손가락 지. 示也.
- 薪(신) : 땔나무, 섶나무 신. 柴也.
- 修(수) : 닦을 수. 꾸밀 수. 고칠 수. 治也, 自治其身也. 「智永眞書千字文」에는 "脩".
- 祐(우) : 복 우. 도울 우. 어떤 판본에는 "호(祜)".

【註解】

▸ 『莊子 · 養生主』, "(다 없어지는 섶에) 손가락으로 섶나무를 밀어 넣으면 불씨가 전해져서 그 다하는 것을 알지 못한다(指窮於爲薪, 火傳也, 不知其盡也)."(이충구 역)

【訓音】

- 永(영) : 길 영.
- 綏(수) : 편안할 수. 治也.
- 吉(길) : 길할, 좋을, 상서로울 길. 祥也.
- 劭(소) : 힘쓸 소. 권할 소. 勸勉也. 어떤 판본에는 "높을 소(卲)".

【註解】

▸ 모든 일은 공경(敬)해야 하고 조심해야 한다. 조심하여 공경하는 자는 위의(威儀)가 있다. 일동일정(一動一靜)을 모두 조심해야 자손 복이 있게 된다.

▸ "선을 쌓아 복을 닦음은 (다 타 없어지는 섶에) 손가락을 써서 섶나무를

밀어 넣는 것으로 비유할 수 있으니, 섶나무는 소진하여도 불씨는 전해져 영구히 없어지지 않음과 같은 것이다. 이와 같으면 영원히 편안하게 되어 길상(吉祥)이 스스로 높아질 것이다."(이충구, 『교수용 지도서 註解千字文』)

▶ 이는 선을 행하는 것을 부지런히 해야 할 것을 말했으니, 또한 처신하는 방법이다.

사람은 마땅히 선행을 하는데 힘써서 오직 날이 부족할까 해야 한다. 세월이 감에 물시계바늘이 재촉하고 선기(璇璣)가 운동하는 것이 밤낮으로 재촉한다. 낮에는 햇빛이 밝게 비추고 밤에는 달의 검은 부분이 순환하여 날과 달이 가서 늙음이 장차 이르니, 몸을 닦지 않을 수 없다. 『莊子, 養生主』의 지신(指薪)의 비유를 들어서, 섶은 비록 다해도 불은 전해지니, 오직 부지런히 닦아서 복을 얻으면 몸이 길이 편안하여 세월과 함께 소멸되지 않는다. 그 길상(吉祥)의 일로써 스스로 권면하는 것이 좋겠다.(『千字文釋義』)

✲ 복을 닦으면 집이 흥함.

122

矩步引領하여 俯仰廊廟라

解釋

(나라에 벼슬하는데도) 걸음걸이를 법도에 맞게 하고 옷깃을 당기어 여미고 [얼굴을 반드시 들어서]
조정에 나가고 들어간다[오르고 내린다].

意譯

나는 걸음걸이가 단정하게 머리를 들고 앞으로 나가
조정에 나감에 모름지기 공경하고 우러른다.(李逸安)

【訓音】

- 矩(구) : 법 구. 곡척, 곱자 구. 네모를 만드는 기구(爲方之器).
- 步(보) : 걸음 보.
- 引(인) : 끌, 당길 인. 늘일, 연장할 인.
- 領(령) : 옷깃 령. 목 령. 頸也. 거느릴 령, 받을 령.

【註解】

▸ 구보(矩步) : 걸을 때 걸음걸이를 단정하게 법도에 맞게 한다.

▸ 인령(引領) : 목을 빼다. 여기서는 '머리를 들고 앞으로 나가다'는 것을 가리킨다.

【訓音】

- 俯(부) : 구푸릴, 굽어볼 부.
- 仰(앙) : 우러를 앙.
- 廊(랑) : 행랑, 곁채 랑.
- 廟(묘) : 조정, 묘당 묘. 사당, 종묘 묘. 신이 머무는 곳이다(棲神之處).

【註解】

▸ 俯仰(부앙) : 구부리고 우러르다. 여기서는 '조정에 나아감'을 가리킨다.

▸ 廊廟(낭묘) : 조정. 묘당(廟堂).

✲ 신하들이 조정에 출입할 때의 자세

123

束帶矜莊하니 徘徊瞻眺라

解 釋

(관복의) 띠를 묶어 자태가 엄숙하니
이리저리 배회하니 서성대기도 하고 (사람들이) 우러러 바라본다.

意 譯

(관복의) 띠를 (단단히) 묶어 긍지를 지니고 씩씩하게
이리저리 배회하며 (잠깐 몸을 돌리는 사이에도, 백성들이) 우러러 바라보게 된다.

意 譯

의관(衣冠)을 정제하고 태도를 단정히 해
불안스럽게 이리저리 배회하며 공경히 이 『천자문』을 임금께 바친다.(李逸安)

【訓音】

- 束(속) : 묶을 속. 약속할 속. 매다(繫也).
- 帶(대) : 띠 대. 찰 대. 紳也.
- 矜(긍) : 엄숙할 긍. 엄할 긍. 자랑할 긍. 가엾이 여길 긍.

• 莊(장) : 씩씩할 장. 장중할 장. 容貌之端.

【註解】

▸ 束帶(속대) : 옷과 띠를 묶다. 의관(衣冠)을 정제하다.

【訓音】

• 徘(배) : 어정거릴, 거닐 배.
• 徊(회) : 어정거릴 회.
• 瞻(첨) : 쳐다볼 첨. 仰視也.
• 眺(조) : 바라볼 조. 望也.

【註解】

▸ 徘徊(배회) : 정한 곳이 없이 이리저리 거닒. 작가가 자신이 『천자문』을 임금에게 바칠 때의 긴장하는 모양을 형용한다. 실제로는 겸사(謙辭)이다.(李逸安) 첩운연면어이다. 「智永眞書千字文」에는 "徘徊".
▸ 瞻望(첨망) : 바라봄. 멀리서 우러러 봄.
▸ 瞻仰(첨앙) : 우러러 봄. 존경하고 사모함.
▸ 眺望(조망) : 먼데를 바라봄. 멀리 바라보이는 풍경.
▸ 이는 거동을 신중하게 해야 함을 말하였으니, 또한 처신하는 방법이다.
  거동을 신중하게 하면 걸음이 반드시 법도에 맞는다. 머리를 들어 목을 빼고 한 번 우러러보고 굽어보는 사이에 조정안에서 띠를 묶고 단정하고 엄한 형상이 있으며, 배회하여 바라보는 것이 예에 맞지 않는 것이 없다. 조정에 들어서면 공경히 띠를 매어 복장을 훌륭히 차려 입는다. 거동과 표정에 공손함을 보이니, 마치 『論語 · 先進』의 "큰 제사를 받들 듯이

하며 큰 손님을 만나는 듯이 한다(如承大祭, 如見大賓)"고 한 것과 같다. (『千字文釋義』)

* 올바른 의관과 행동으로 백성의 우러름이 됨.

124

孤陋寡聞하니 愚蒙等誚라

解 釋

외롭고 고루하고 들은 것이 적으니
어리석고 몽매한 사람도 같이 (나를) 꾸짖고 욕하리라.

意 譯

나의 식견이 고루하고 견문이 적으니
어리석은 아이들 등등도 나를 꾸짖으리[비난하리, 비웃으리].

意 譯

신(臣)은 천박하고 누추하고 식견이 없으며
어리석고 몽매하여 남으로 하여금 멸시하고 조소하게 합니다.

【訓音】

- 孤(고) : 외로울 고. 獨也. 부모 없을 고.
- 陋(루) : 더러울, 추할 루. 鄙也.
- 寡(과) : 적을 과. 少也. 과부 과.
- 聞(문) : 들을 문. 知識也. 냄새 맡을 문. 들릴 문.

- 愚(우) : 어리석을 우. 無知之人.
- 蒙(몽) : 어리석을 몽. 昧也. 입을 몽. 어릴 몽.
- 等(등) : 같을 등. 類也. 무리 등. 등급 등. 기다릴 등.
- 誚(초) : 꾸짖을 초. 나무라다(譏也).

【註解】

- ▶ 孤陋(고루) : 외롭게 자라 견문이 좁음.
- ▶ 啓蒙(계몽) : 어린아이나 무식한 사람을 깨우쳐 줌.
- ▶ 童蒙(동몽) : 어려서 아직 사리에 어두운 아이.
- ▶ 『禮記 · 學記』에 이르기를, "홀로 공부하여 벗이 없으면 외롭고 누추하여 견문이 적다(獨學無友則孤陋寡聞)."하였다. 이 때문에 서로 살펴서 훌륭하게 되는 것이 귀하다. 홀로 공부하여 견문이 적으면 혼미하여 몽매한 자와 그 꾸짖음을 똑같이 받게 된다.(『註解千字文』)
- ▶ 위의 글을 이어 결론지어 말하여 그 경계하는 뜻을 지극히 하였다. 자신의 처신과 집안을 다스리는 것은 그 방법이 여러 가지이니, 널리 살피고 상세히 알아야 한다. 만약 외롭고 누추하여 식견이 적으면 우매한 사람과 동류가 되어 함께 꾸지람을 받을 것이니, 경계하지 않을 수 있겠는가.(『千字文釋義』)

✲ 겸사(謙辭) – 내가 외롭고 누추하고 과문하니 남들이 나를 꾸짖으리

✲ 여기까지가 제4장이다. 이 장은 군자가 곤궁하게 아래에 있으면서 오직 몸을 처신하고 집을 다스리는 도를 다하여야 한다. 앞 장과 상대적으로 말하였다.
처신이라는 것은 조심함을 요점으로 삼는다. 그 부류를 미루어나가 기미를 보는 명철함, 아름다운 여색을 멀리함, 선행을 하는 근면함, 그리고 언어를 삼감, 거동을 신중히 함을 소홀히 해서는 안 된다는 것을 말하고 있다. 집안을 다스리는 것은

부유함을 근본으로 삼는 것을 중점으로 삼는다. 그 부류를 미루어나가, 음식의 절제, 잠자리의 편안함, 연회의 즐거움, 제사의 예법, 응대의 방법, 인정의 마땅함, 환난을 막는 방법, 가축의 번식, 기용(器用)의 편리함, 기예의 정밀함 등도 소홀하게 해서는 안 된다. 마지막에는 총괄해 말하여 깊이 경계하고 있다.(『千字文釋義』)

125

謂語助者는 焉哉乎也라

解 釋

말을 돕는 것[語調]을 이르는 말은[어조사라고 말하는 것은] 언(焉), 재(哉), 호(乎), 야(也)이다.

意 譯

저의 학식은 언(焉), 재(哉), 호(乎), 야(也) 이 넉 자에 불과할 따름입니다.(李逸安)

【訓音】

- 謂(위) : 이를 위. 稱也.
- 語(어) : 말씀 어. 言也.
- 助(조) : 도울 조. 도와 보태는 것이다(輔益之也).
- 者(자) : 놈 자.

- 焉(언) : 어조사 언. 어찌 언. 의문이나 반어를 나타냄.
- 哉(재) : 어조사 재. 감탄, 강조, 반어, 의문을 나타낸다.
- 乎(호) : 어조사 호. 온 호. 의문, 영탄, 반어, 호격 등을 나타냄.

'……에', '…… 보다'의 뜻을 나타내는 전치사.

- 也(야) : 어조사 야. 문미(文尾)에 놓여 단정, 결정의 뜻을 나타낸다.

【註解】

▶ "문자에는 실자(實字)와 허자(虛字)가 있으니, 허자도 없어서는 안 된다. 그 발단, 결말, 접속하는 즈음에 연결하여 글을 만들 수 있는 것이니, 곧 이른바 어조사이다. 언(焉), 재(哉), 호(乎), 야(也)가 바로 어조사이니, 이(而), 야(耶), 여(歟), 의(矣), 혜(兮) 등이 모두 그 부류이다."(『註解千字文』)

▶ 무릇 말의 뜻이 이미 완전해도 글자가 아직 충분치 못하면 통용하는 글자로 보태니, 이를 어조사라고 한다. 재(哉), 호(乎)는 의문사이고, 언(焉), 야(也)는 결정하는 말이다.

이는 위의 전체 문장과 서로 이어지지 않는다. 작자가 글을 짓는 것을 마치고 나서, 아직도 몇 자가 남아 다시 압운(押韻)하여 마친 것이다.(『千字文釋義』) 압운(押韻) : 여기서는 者 , 也가 2구 안에서 압운되었음을 말한다.

＊ 어조사(語助辭)

＊ 마지막 남은 글자가 8자인데, 이렇게 표현하였다.

부록 1

지영진서천자문 (智永眞書千字文)

- 원문 -

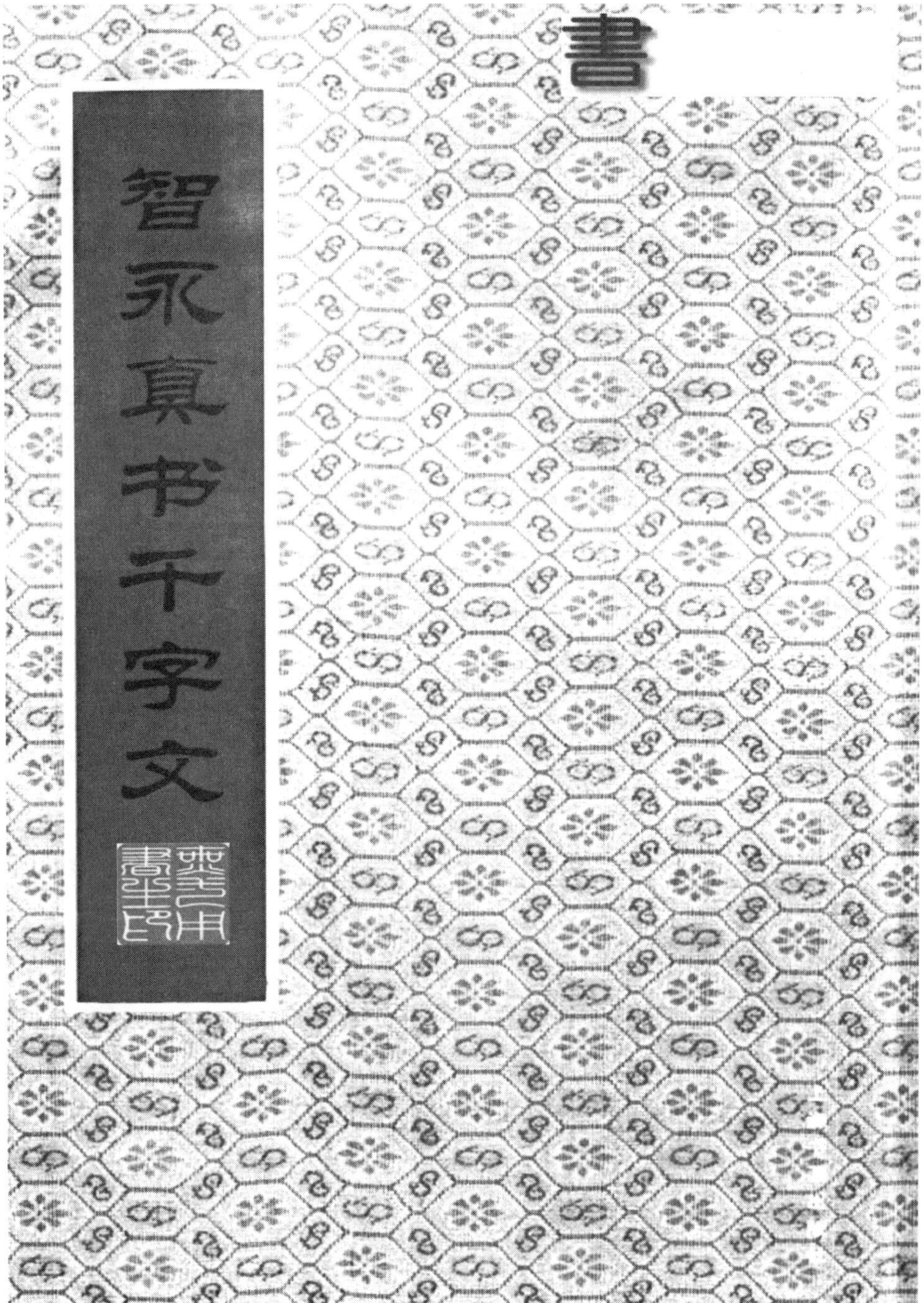
書
智永真书千字文

天地玄黃宇宙
洪荒日月盈昃
辰宿列張寒來
暑往秋收冬藏

麗	露	調	閏
水	結	陽	餘
玉	爲	雲	成
出	霜	騰	歲
崑	金	致	律
岡	生	雨	呂

劍號巨闕珠稱

夜光菓珍李柰

菜重芥薑海鹹

河淡鱗潛羽翔

讓	乃	人	龍
國	服	皇	師
有	衣	始	火
虞	裳	制	帝
陶	推	文	鳥
唐	位	字	官

弔民伐罪周發
殷湯坐朝問道
垂拱平章愛育
黎首臣伏戎羌

草	白	歸	遐
木	駒	王	迩
賴	食	鳴	壹
及	場	鳳	體
萬	化	在	率
方	被	樹	賓

貞	豈	五	蓋
絜	敢	常	此
男	毁	恭	身
效	傷	惟	髮
才	女	鞠	四
良	慕	養	大

知過必改得能
莫忘罔談彼短
靡恃己長信使
可覆器欲難量

墨悲絲染詩讚
羔羊景行維賢
克念作聖德建
名立形端表正

空谷傳聲虛堂
習聽禍因惡積
福緣善慶尺璧
非寶寸陰是競

履	忠	與	資
薄	則	敬	父
夙	盡	孝	事
興	命	當	君
溫	臨	竭	曰
清	深	力	嚴

若	淵	之	似
思	澄	盛	蘭
言	取	川	斯
辭	暎	流	馨
安	容	不	如
定	止	息	松

篤初誠美慎終
宜令榮業所基
籍甚無竟學優
登仕攝職從政

下	禮	益	存
睦	別	詠	以
夫	尊	樂	甘
唱	卑	殊	棠
婦	上	貴	去
隨	和	賤	而

兄	猶	母	外
弟	子	儀	受
同	比	諸	傅
氣	兒	姑	訓
連	孔	伯	入
枝	懷	叔	奉

交友投分切磨
箴規仁慈隱惻
造次弗離節義
廉退顚沛匪虧

性靜情逸心動
神疲守眞志滿
逐物意移堅持
雅操好爵自縻

都邑華夏東西
二京背芒面洛
浮渭據涇宮殿
盤鬱樓觀飛驚

圖寫禽獸畫綵
仙靈丙舍傍啓
甲帳對楹肆筵
設席鼓瑟吹笙

升階納陛弁轉

疑星右通廣內

左達承明既集

墳典亦聚羣英

杜稾鍾隸漆書
壁經府羅將相
路俠槐卿戶封
八縣家給千兵

茂	車	振	高
實	駕	纓	冠
勒	肥	世	陪
碑	輕	祿	輦
刻	策	侈	驅
銘	功	富	轂

匡	微	阿	磻
合	旦	衡	溪
濟	孰	奄	伊
弱	營	宅	尹
扶	桓	曲	佐
傾	公	阜	時

更	多	武	綺
霸	士	丁	迴
趙	寔	俊	漢
魏	寧	乂	惠
困	晉	密	說
橫	楚	勿	感

頗	韓	會	假
牧	弊	盟	途
用	煩	何	滅
軍	刑	遵	虢
最	起	約	踐
精	翦	法	土

宣威沙漠馳譽
丹青九州禹跡
百郡秦幷嶽宗
恒岱禪主云亭

鴈門紫塞雞田
赤城昆池碣石
鉅野洞庭曠遠
緜邈巖岫杳冥

貢	我	稼	治
新	藝	穡	本
勸	黍	俶	於
賞	稷	載	農
黜	稅	南	務
陟	熟	畝	茲

察	勞	秉	孟
理	謙	直	軻
鑑	謹	庶	敦
貌	勅	幾	素
辨	聆	中	史
色	音	庸	魚

近	寵	祗	貽
恥	增	植	厥
林	抗	省	嘉
皋	極	躬	猷
幸	殆	譏	勉
即	辱	誡	其

尋	沈	誰	兩
論	默	逼	疏
散	寂	索	見
慮	寥	居	機
逍	求	閑	解
遙	古	處	組

欣奏累遣慼謝

歡招渠荷的歷

園莽抽條枇杷

晚翠梧桐早彫

陳根委翳落葉
飄颻遊鵾獨運
淩摩絳霄耽讀
翫市寓目囊箱

烹	適	垣	易
宰	口	墻	輶
飢	充	具	攸
厭	腸	膳	畏
糟	飽	飡	屬
糠	飫	飯	耳

員	侍	異	親
潔	巾	糧	戚
銀	帷	妾	故
燭	房	御	舊
煒	紈	績	老
煌	扇	紡	少

晝眠夕寐藍筍
象床絃歌酒讌
接杯擧觴矯手
頓足悅豫且康

嫡後嗣續祭祀
烝嘗稽顙再拜
悚懼恐惶牋牒
簡要顧答審詳

骸垢想浴執熱
願涼驢騾犢特
駭躍超驤誅斬
賊盜捕獲叛亡

利	鈞	阮	布
俗	巧	嘯	射
並	任	恬	遼
皆	釣	筆	丸
佳	釋	倫	嵇
妙	紛	紙	琴

懸	羲	研	毛
斡	暉	咲	施
晦	朗	年	淑
魄	曜	矢	姿
環	璇	每	工
照	璣	催	嚬

矜	俯	吉	指
莊	仰	劭	薪
徘	廊	矩	脩
徊	廟	步	祜
瞻	束	引	永
眺	帶	領	綏

孤陋寡聞愚蒙
等誚謂語助者
焉哉乎也

부록 2

안진경해서천자문
(顔眞卿楷書千字文)

- 2종 원문 -

颜真卿楷书千字文

（ 天宝五年)
（ 天宝十二年)

千字文

天地元黃宇宙洪荒日月

盈昃辰宿列張寒来暑往

秋收冬藏閏餘成嵗律呂

第 2 页，共 32 页

調陽雲騰致雨露結爲霜
金生麗水玉出崑岡劔號
巨闕珠稱夜光果珎李柰
菜重芥薑海鹹河淡鱗潛
羽翔龍師火帝鳥官人皇
始制文字乃服衣裳推位
讓國有虞陶唐弔民伐罪
周發殷湯坐朝問道垂拱

第 3 页，共 32 页

平章愛育黎首臣伏戎羌
遐迩壹體率賓歸王鳴鳳
在樹白駒食場化被草木
賴及萬方蓋此身髮四大
五常恭惟鞠養豈敢毀傷
女慕貞絜男效才良知過
必改得能莫忘罔談彼短
靡恃己長信使可覆器欲

難量墨悲絲染詩讚羔羊
景行維賢克念作聖德建
名立形端表正空谷傳聲
虛堂習聽禍因惡積福緣
善慶尺璧非寶寸陰是競
資父事君曰嚴與敬孝當
竭力忠則盡命臨深履薄
夙興温清似蘭斯馨如松

第 5 頁，共 32 頁

之盛川流不息淵澄取暎
容止若思言辭安定篤初
誠美愼終宜令榮業所基
籍甚無竟學優登仕攝職
從政存以甘棠去而益詠
樂殊貴賤禮別尊卑上和
下睦夫唱婦隨外受傅訓
入奉母儀諸姑伯叔猶子

比兒孔懷兄弟同氣連枝
交友投分切磨箴規仁慈
隱惻造次弗離節義廉退
顛沛匪虧性靜情逸心動
神疲守真志滿逐物意移
堅持雅操好爵自縻都邑
華夏東西二京背邙面洛
浮渭據涇宮殿盤鬱樓觀

飛驚圖寫禽獸畫綵僊靈
丙舍傍啓甲帳對楹肆筵
設席鼓瑟吹笙升階納陛
弁轉疑星右通廣內左達
承明既集墳典亦聚群英
杜藁鍾隷漆書辟經府羅
将相路俠槐卿戶封八縣
家給千兵高冠陪輦驅轂

第 8 頁, 共 32 頁

振纓世祿侈富車駕肥輕
策功茂實勒碑刻銘磻谿
伊尹佐時阿衡奄宅曲阜
微旦孰營桓公匡合濟弱
扶傾綺迴漢惠說感武丁
俊乂密勿多士寔寧晉楚
更霸趙魏困橫假途滅虢
踐土會盟何遵約法韓弊

煩刑起翦頗牧用軍最精
宣威沙漠馳譽丹青九州
禹跡百郡秦并嶽宗恒岱
禪主云亭鴈門紫塞雞田
赤城昆池碣石鉅野洞庭
曠遠緜邈巖岫杳冥治本
於農務茲稼穡俶載南畝
我藝黍稷稅熟貢新勸賞

黜陟孟軻敦素史魚秉直
庶幾中庸勞謙謹勑聆音
察理鑒貌辨色貽厥嘉猷
勉其祗植省躬譏誡寵增
抗極殆辱近恥林皐幸即
兩疏見機解組誰逼索居
閑處沉默寂寥求古尋論
散慮逍遙欣奏累遣慼謝

歡招渠荷的歷園莽抽條
枇杷晚翠梧桐早凋陳根
委翳落葉飄颻遊鵾獨運
淩摩絳霄耽讀翫市寓目
囊箱易輶攸畏屬耳垣墻
具膳餐飯適口充腸飽飫
烹宰飢厭糟糠親戚故舊
老少異糧妾御績紡侍巾

第 12 頁，共 32 頁

帷房紈扇圓潔銀燭煒煌
晝眠夕寐藍筍象牀絃歌
酒讌接杯舉觴矯手頓足
悅豫且康嫡後嗣續祭祀
蒸嘗稽顙再拜悚懼恐惶
牋牒簡要顧答審詳骸垢
想浴執熱願涼驢騾犢特
駭躍超驤誅斬賊盜捕獲

第 13 页，共 32 页

叛亡布射遼丸嵇琴阮嘯
恬筆倫紙鈞巧任釣釋紛
利俗並皆佳妙毛施淑姿
工顰妍咲年矢每催曦暉
朖曜璿璣懸斡晦魄環照
指薪脩祜永綏吉劭矩步
引領俯仰廊廟束帶矜莊
裴佪瞻眺孤陋寡聞愚蒙

等誚謂語助者焉哉乎也
唐天寶十二載嘉平月廿
有八日琅邪顔真卿書於
西京春華館

千字文
梁貟外散騎侍郎
周興嗣次韻
天地玄黃宇宙洪荒
日月盈昃辰宿列張
寒来暑往秋收冬藏
閏餘成歲律名調陽
雲騰致雨露結為霜

金生麗水玉出崑岡
劒號巨闕珠稱夜光
果珎李柰菜重芥薑
海鹹河淡鱗潛羽翔

龍師火帝鳥官人皇
始制文字乃服衣裳
推位讓國有虞陶唐
弔民伐罪周發殷湯

第 17 页，共 32 页

坐朝問道垂拱平章
愛育黎首臣伏戎羌
遐邇壹體率賓歸王
鳴鳳在樹白駒食場

化被草木賴及萬方
蓋此身髮四大五常
恭惟鞠養豈敢毀傷
女慕貞絜男効才良

知過必改得能莫忘
罔談彼短靡恃己長
信使可覆器欲難量
墨悲絲染詩讚羔羊
景行維賢克念作聖
德建名立形端表正
空谷傳聲虛堂習聽
禍因惡積福緣善慶

尺璧非寶寸陰是競
資父事君曰嚴與敬
孝當竭力忠則盡命
臨深履薄夙興溫清

似蘭斯馨如松之盛
川流不息淵澄取暎
容止若思言辭安定
篤初誠美愼終宜令

榮業所基籍甚無竟
學優登仕攝職從政
存以甘棠去而益詠
樂殊貴賤禮別尊卑
上和下睦夫唱婦隨
外受傅訓入奉母儀
諸姑伯叔猶子比兒
孔懷兄弟同氣連枝

第 21 页，共 32 页

交友投分切磨箴規
仁慈隱惻造次弗離
節義廉退顛沛匪虧
性靜情逸心動神疲

守真志滿逐物意移
堅持雅操好爵自縻
都邑華夏東西二京
背邙面洛浮渭據涇

宮殿盤鬱樓觀飛驚
圖寫禽獸畫綵僊靈
丙舍傍啓甲帳對楹
肆筵設席鼓瑟吹笙
陞階納陛弁轉疑星
右通廣内左達承朙
既集墳典亦聚羣英
杜稾鍾隸桼書壁經

府羅將相
路俠槐卿
戶封八縣
家給千兵
高冠陪輦
驅轂振纓
世祿侈富
車駕肥輕
策功茂實
勒碑刻銘
磻溪伊尹
佐時阿衡
奄宅曲阜
微旦孰營
桓公匡合
濟弱扶傾

綺回漢惠說感武丁
俊乂密勿多士寔寧
晉楚更霸趙魏困橫
假途滅虢踐土會盟
何遵約法韓弊煩刑
起翦頗牧用軍冣精
宣威沙漢馳譽丹青
九州禹蹟百郡秦幷

嶽宗恒岱禪主云亭
鴈門紫塞雞田赤城
昆池碣石鉅野洞庭
曠遠緜邈巖岫杳冥

治本於農務茲稼穡
俶載南畝我藝黍稷
稅熟貢新勸賞黜陟
孟軻敦素史魚秉直

庶幾中庸勞謙謹勑
聆音察理鑒貌辨色
貽厥嘉猷勉其祗植
省躬譏誡寵增抗極

殆辱近恥林皐幸即
兩疏見機解組誰逼
索居閑處沉默寂寥
求古尋論散慮逍遙

欣奏累遣慼謝歡招
渠荷滴瀝園莽抽條
枇杷晚翠梧桐早凋
陳根委翳落葉飄颻
遊鵾獨運淩摩絳霄
耽讀翫市寓目囊箱
易輶攸畏屬耳垣牆
具膳飡飯適口充腸

飽飫烹宰飢猒糟糠
親戚故舊老少異糧
妾御績紡侍巾帷房
紈扇圓潔銀燭煒煌
晝眠夕寐籃筍象牀
弦歌醼接杯舉觴
矯手頓足悦豫且康
嫡後嗣續祭祀烝嘗

稽顙再拜悚懼恐惶
牋牒簡要顧答審詳
骸垢想浴執熱願涼
驢騾犢特駭躍超驤
誅斬賊盜捕獲叛亡
布射遼丸嵇琴阮嘯
恬筆倫紙鈞巧任釣
釋紛利俗並皆佳妙

毛施淑姿工嚬妍笑
年矢每催曦暉朗曜
璿璣懸斡晦魄環照
指薪脩祜永綏吉劭

矩步引領俯仰廊廟
束帶矜莊徘徊瞻眺
孤陋寡聞愚蒙等誚
謂語助者焉哉乎也

第 31 页，共 32 页

天寶五載歲次丙戌
六月十一日
琅邪顏真卿書
河南史華刻

• 明治十六年八月三十一日御届
• 同十七年四月出版

부록 3

구양순행서천자문
(歐陽詢行書千字文)

- 원문 -

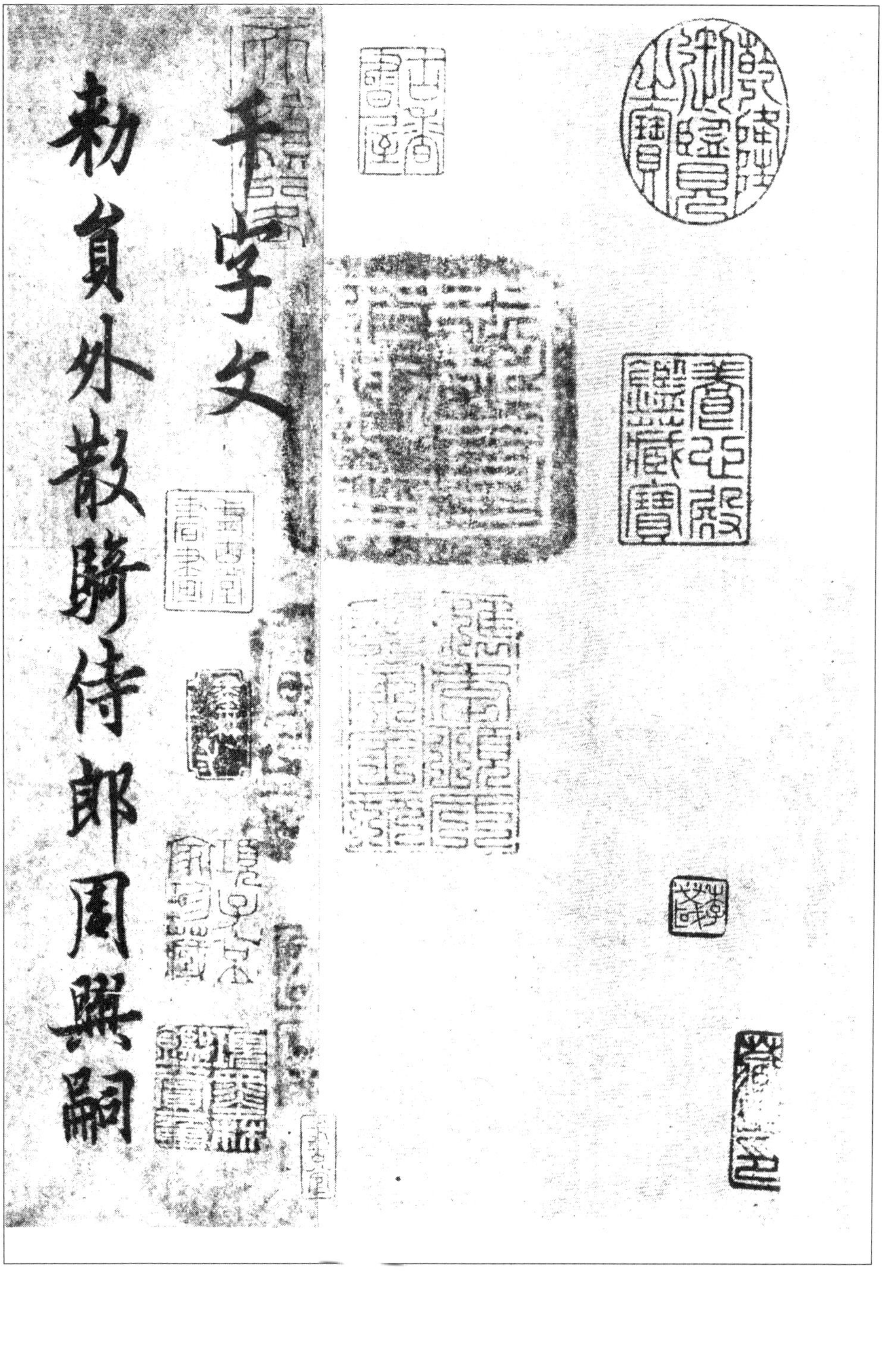
千字文
勅員外散騎侍郎周興嗣

次韻
天地玄黃宇宙洪荒日月
盈昃辰宿列張寒來暑往
秋收冬藏閏餘成歲律呂
調陽雲騰致雨露結為霜
金生麗水玉出崑崗劍號

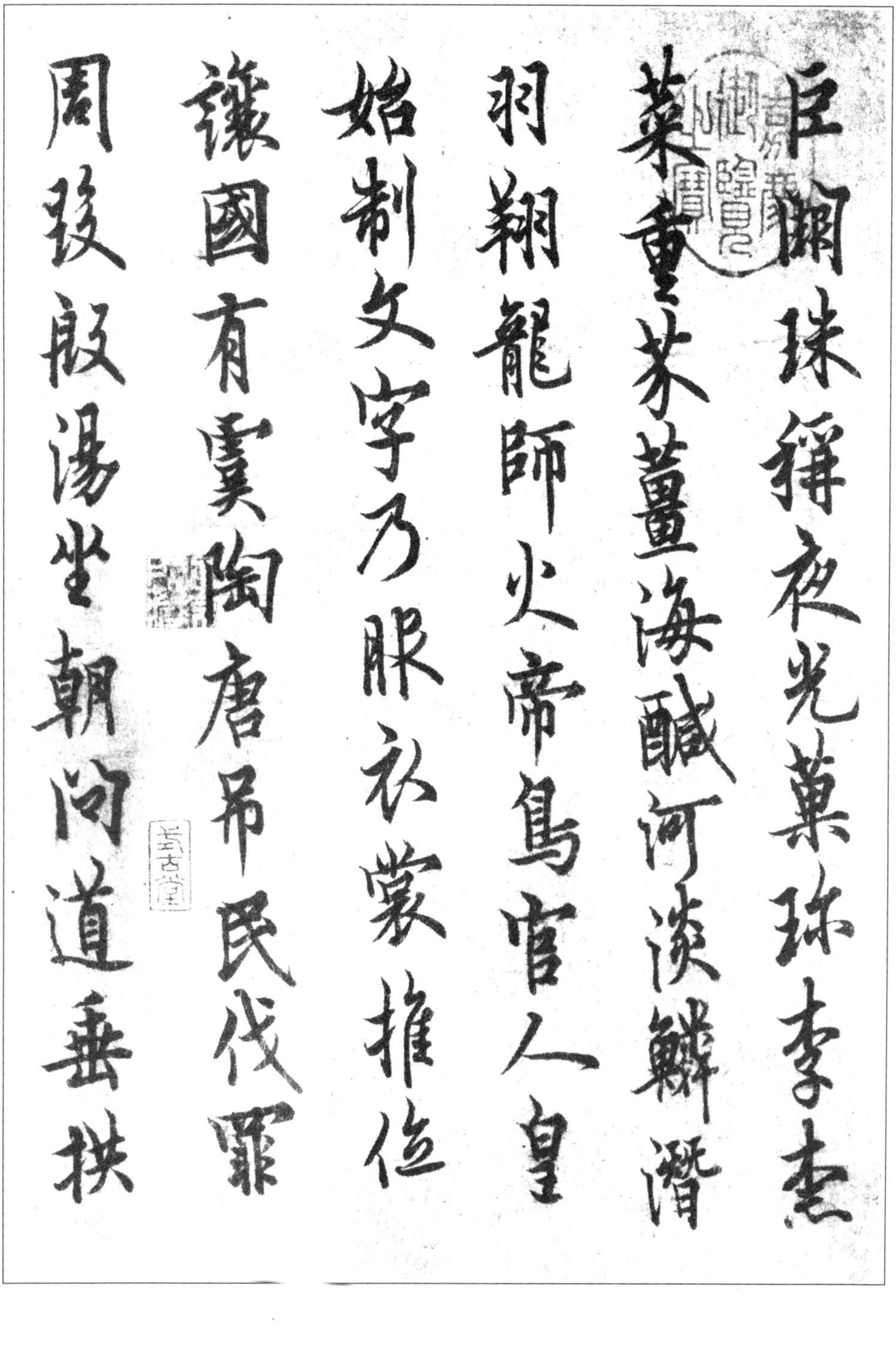
巨闕珠稱夜光果珍李柰
菜重芥薑海鹹河淡鱗潛
羽翔龍師火帝鳥官人皇
始制文字乃服衣裳推位
讓國有虞陶唐弔民伐罪
周發殷湯坐朝問道垂拱

平章愛育黎首臣伏戎羌
遐邇壹體率賓歸王鳴鳳
在樹白駒食場化被草木
賴及萬方蓋此身髮四大
五常恭惟鞠養豈敢毀傷
女慕貞絜男效才良知過

必改得能莫忘罔談彼短
靡恃己長信使可覆器欲
難量墨悲絲染詩讚羔羊
景行維賢剋念作聖德建
名立形端表正空谷傳聲
虛堂習聽禍因惡積福緣

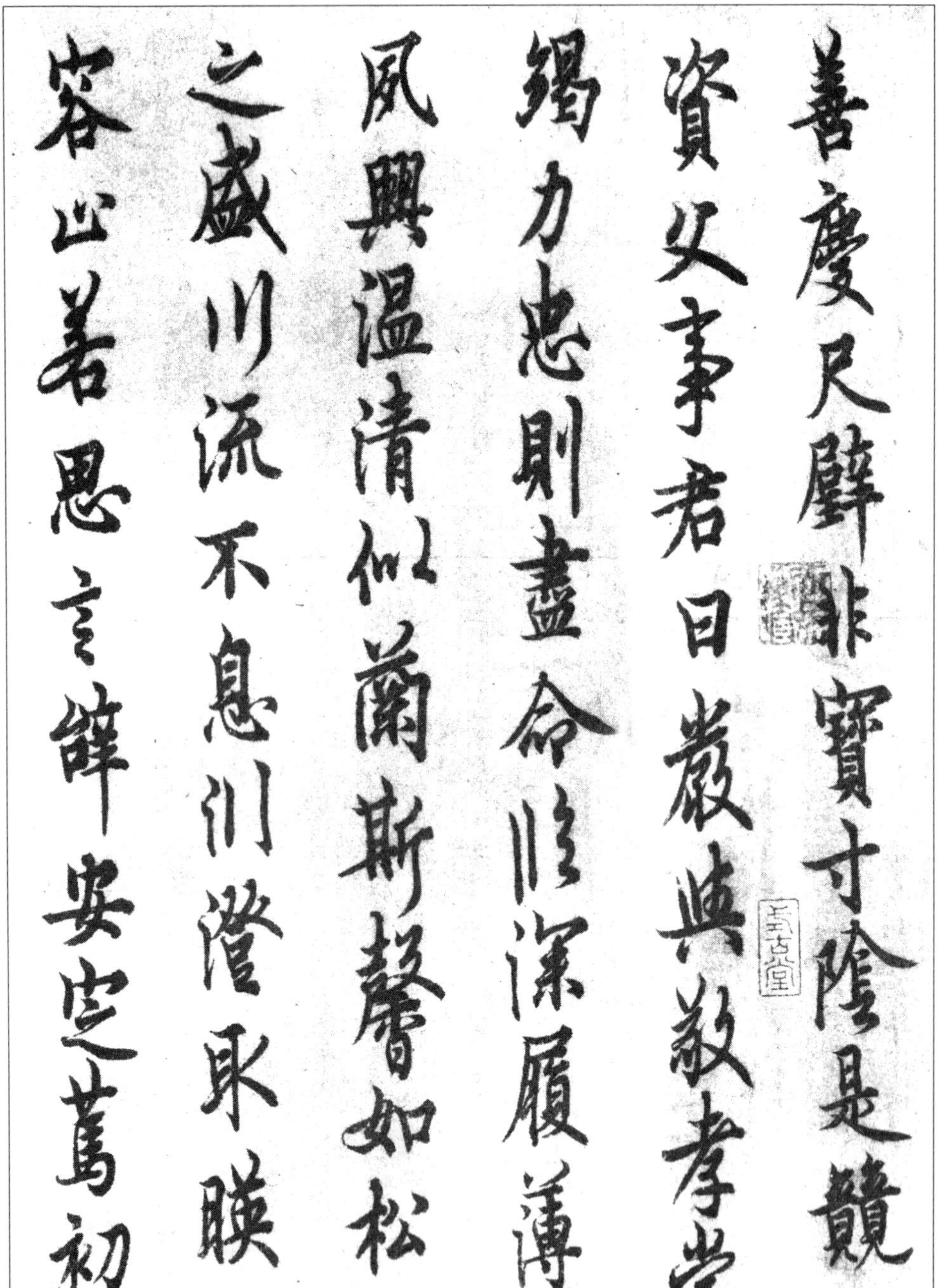

善慶尺璧非寶寸陰是競
資父事君曰嚴與敬孝當
竭力忠則盡命臨深履薄
夙興溫凊似蘭斯馨如松
之盛川流不息淵澄取映
容止若思言辭安定篤初

誠美愼終宜令榮業所基
籍甚無竟學優登仕攝職
從政存以甘棠去而益詠
樂殊貴賤禮別尊卑上和
下睦夫唱婦隨外受傅訓
入奉母儀諸姑伯叔猶子

比兒孔懷兄弟同氣連枝
交友投分切磨箴規仁慈
隱惻造次弗離節義廉退
顛沛匪虧性靜情逸心動
神疲守真志滿逐物意移
堅持雅操好爵自縻都邑

華夏東西二京背芒面洛
浮渭據涇宮殿盤鬱樓觀
飛驚圖寫禽獸畫綵仙靈
丙舍傍啓甲帳對楹肆筵
設席鼓瑟吹笙升階納陛
弁轉疑星右通廣內左達

承明既集墳典亦聚羣英
杜稾鍾隷漆書壁經府羅
將相路俠槐卿戶封八縣
家給千兵高冠陪輦驅轂
振纓世祿侈富車駕肥輕
策功茂實勒碑刻銘磻溪

伊尹佐時阿衡奄宅曲阜
微旦孰營桓公匡合濟弱
扶傾綺迴漢惠說感武丁
俊乂密勿多士寔寧晉楚
更霸趙魏困橫假途滅虢
踐土會盟何遵約法韓弊

煩刑起翦頗牧用軍最精
宣威沙漠馳譽丹青九州
禹跡百郡秦幷嶽宗恒岱
禪主云亭鴈門紫塞雞田
赤城昆池碣石鉅野洞庭
曠遠綿邈巖岫杳冥治本

於農務茲稼穡俶載南畝
我藝黍稷稅熟貢新勸賞
黜陟孟軻敦素史魚秉直
庶幾中庸勞謙謹勅聆音
察理鑑貌辨色貽厥嘉猷
勉其祗植省躬譏誡寵增

抗極殆辱近恥林皐幸即
兩疏見機解組誰逼索居
閑處沈默寂寥求古尋論
散慮逍遙欣奏累遣慼謝
歡招渠荷的歷園莽抽條
枇杷晚翠桐梧早彫陳根

委翳落葉飄颻遊鵾獨運
淩摩絳霄耽讀翫市寓目
囊箱易輶攸畏屬耳垣牆
具膳餐飯適口充腸飽飫
烹宰飢厭糟糠親戚故舊
老少異糧妾御績紡侍巾

帷房紈扇圓潔銀燭煒煌
晝眠夕寐藍筍象床弦歌
酒讌接杯舉觴矯手頓足
悅豫且康嫡後嗣續祭祀
烝嘗稽顙再拜悚懼恐惶
牋牒簡要顧答審詳骸垢

想浴執熱願涼驢騾犢特
駭躍超驤誅斬賊盜捕獲
叛亡布射遼丸嵇琴阮嘯
恬筆倫紙鈞巧任釣釋紛
利俗並皆佳妙毛施淑姿
工顰妍笑年矢每催羲暉

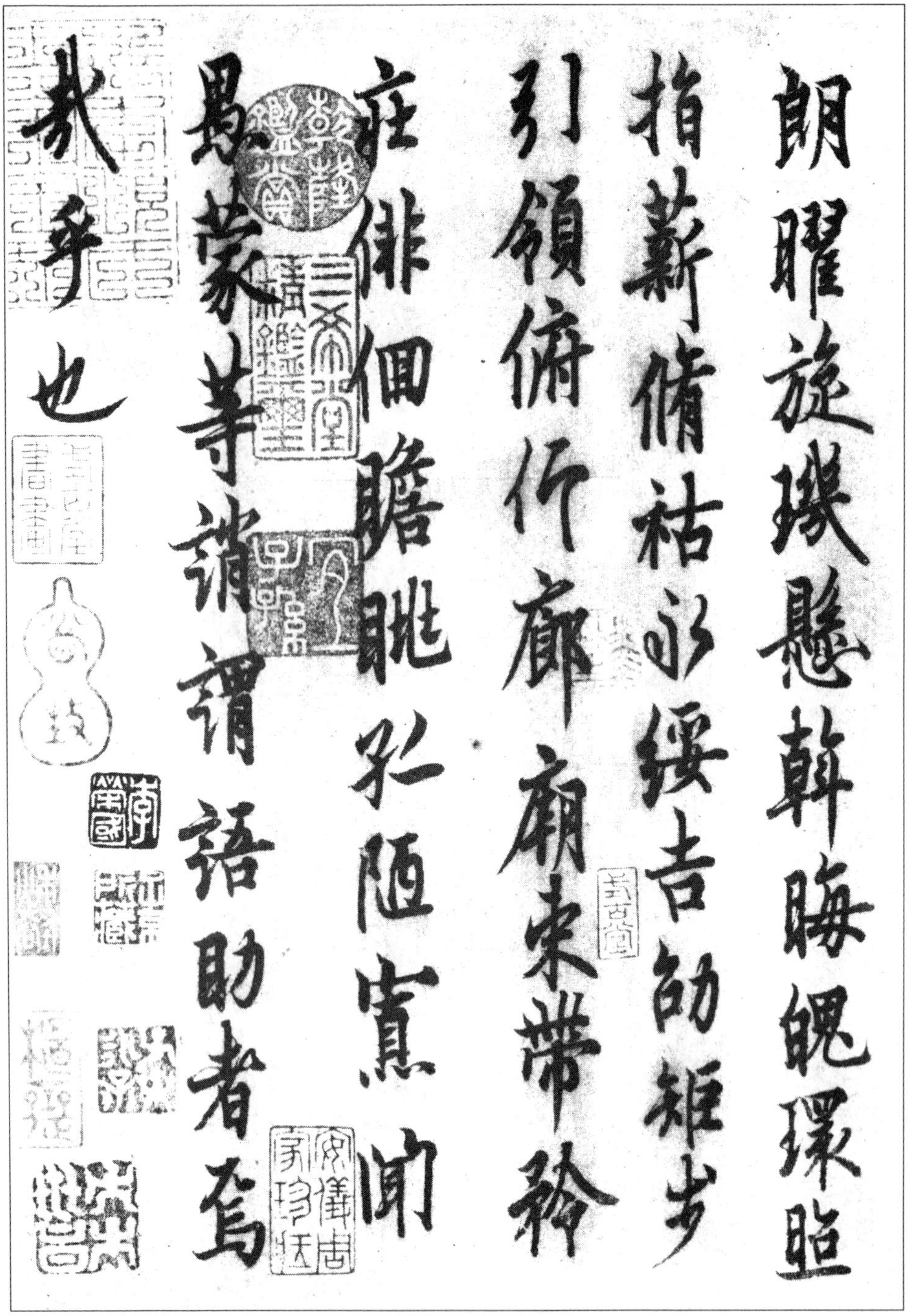
朗曜旋璣懸斡晦魄環照
指薪修祐永綏吉劭矩步
引領俯仰廊廟束帶矜
莊徘徊瞻眺孤陋寡聞
愚蒙等誚謂語助者焉
哉乎也

주요 참고문헌

김근, 『욕망하는 천자문 : 문자 속에 숨은 권력, 천자문 다시 읽기』, 삼인, 2003.

東洋學硏究所 編纂, 『千字文』, 檀國大學校 出版部, 1995. 1. 2쇄(1973. 8. 초판)

劉宏毅, 『劉宏毅博士 『千字文』講記』.(강의용프린트)

이돈주 편저, 『千字文을 통해 본 동양인의 삶과 지혜』, 태학사, 2002.

李暹 注, 오가와 다마키 小川環樹, 기다 아키요시 本田章義 註解, 신정근 譯, 『世上을 삼킨 千字文』, 심산출판사, 2009. 1.

李逸安 譯注, 『三字經, 百家姓, 千字文, 弟子規』, 中華書局, 2009.

李忠九, 『교수용지도서 註解 千字文』, 전통문화연구회, 2010.

周興嗣 著, 林東錫 譯註, 『千字文』, 동서문화사, 2010.

周興嗣 纂, (淸) 汪嘯尹 纂輯, 孫謙益 參注, 『千字文釋義』, 『千字文』, 岳麓書社出版社, 1987. 5. 제1판, 2005. 6. (『三字經』·『百字姓』·『千字文』의 合本)

編者 軼名, 『千字文釋義』, 『三字經, 百家姓, 千字文』, 四川文藝出版社, 2001. 1.

洪聖源 註解, 成百曉 譯註, 『懸吐完譯 註解千字文』, 傳統文化硏究會, 1993. 12. 초판2쇄(1992. 12. 초판).

기타 十三經, 諸子百家書, 工具書 등은 기재를 생략한다.

색 인

역주자 후기

『천자문』에는 우주와 인사(人事)에 대한 질서가 내포되어 있다. 옛날 백제(百濟)의 왕인(王仁)이 일본에 전해주었다는 『천자문』은 이 주흥사(周興嗣)의 『천자문』보다 시대가 앞섬으로 그 이전의 천자문임에 틀림없다.

역자는 학창시절에 천자문 쓰기본을 사서 한 권을 다 쓰면 또 다른 쓰기본을 사서 쓰곤 했다. 결과적으로 여러 권을 사서 써본 경험이 있었다. 당시의 쓰기본 교재의 번역이 허술해 아쉬운 점이 있어서, 보다 올바른 천자문 책이 나오기를 기대했었다. 1992년 2월 경 고(故) 연청(硏靑) 오호영(吳虎泳) 선생님으로부터 천자문 강의를 듣고 그 내용이 참신하고 알차서 언젠가 천자문을 번역하기로 마음먹었었다.

세월이 흘러, 2002년 드디어 그 상반부가 완성되어 출간되었다. 그후 중국으로 공부하러 가게 되었고, 다시 많은 나날들이 지난 후, 이제서야 그 후반부의 역주를 내게 되었다. 항상 닥쳐오는 강의의 예습이나, 학술서의 번역작업, 그리고 연구논문을 먼저 작업하느라 더욱 늦어졌다. 이왕 늦었으니 보다 더 좋은 역주서를 만들어 오래도록 가치를 빛낼 수 있도록 하리라 다짐했다.

본서의 전편(前篇)이 나온 후, 국내외에서 여러 천자문 역주서가 나왔다. 필자가 검토해 본 것 가운데, 중국 판본으로는 이일안(李逸安)의 역주본이, 일본 판본의 한역본(韓譯本)으로는 신정근의 번역본(李暹 注, 小川環樹, 本田章義 註解)이, 국내 것으로는 이충구 역주본과 임동석 역주본이, 각기 비교적 학술적 가치가 있다고 판단되어 주로 그것들을 참조하였다. 물론 전편(前篇)에서 많이 참조하였던 청대(淸代)의 『천자문석의(千字文釋義)』(汪嘯尹 纂輯, 孫謙益 叅注)와 조선시대 홍성원(洪聖源)의 『주해천자문(註解千字文)』은 후편(後篇)에서도 여전히 많이 참조하였다.

천자문은 조선시대 한학의 입문서로 학동에게 읽혔지만, 실상 그 내용이 어렵고 담겨진 의미가 넓고 깊다. 여기서는 연세가 많으신 분이나 학동이나 막론하고 이해하기 쉽도록, 어려운 원문을 가급적 쉽고 정확하고 명료하게 우리말로 풀도록 노력하였다. 이 주해(註解)에는 번역자의 사유가 반영되어 있으며, 이에 대한 모든 책임은 번역자가 진다.

『천자문』은 중국의 사언시(四言詩)인데도 국내에서는 중국시 연구자에 의한 번역서는 찾아보기 힘들었다. 불초(不肖)한 필자가 그 역할을 감히 자임(自任)하였다. 많은 학자들이 자신들은 번역서에 많이 의지하지만 번역서의 가치를 덜 인정해주는 학계의 풍토에도 아랑곳하지 않고, 평소 여러 권의 중국고전 번역서를 내었다. 번역서가 논문보다도 더 사회에 공헌할 수 있다는 사실을 염두에 두었기 때문이다.

「지영진서천자문(智永眞書千字文)」, 「안진경해서천자문(顔眞卿楷書千字文)」 2종, 그리고 「구양순행서천자문(歐陽詢行書千字文)」의 원문을 보내준 벗 중국 남개대학(南開大學) 장봉흘(張峰屹) 교수께 감사드린다. 최근의 메일에서 그는 예전 나와 함께 한 제주도 자전거 일주 여행에 대한 추억이 새롭다고 했다. 그리고 천자문의 난구(難句) 몇 군데에 대해 올바른 의미를 찾는데 힘을 보태어준 섭안복(聶安福) 교수께 감사드린다. 더불어 교열(校閱)을 맡아 준 한상덕 교수께도 감사의 뜻을 표한다.

우둔한 자질에도 평소 독려하고 격려해 주신 김익수 선생님, 이준식 교수님, 김인숙 여사님, 벗 정재림 등 여러 분들께도 고마움을 표시한다. 앞으로 다음 과제를 향해 힘차게 전진하리라.

본서를 읽는 선후배 분들, 나의 아들과 딸, 그리고 이 땅의 많은 아들과 딸들이 천자문을 통해 뜻을 키워 온 세계에 고귀한 뜻을 널리 펼치기를 바란다. 착오나 미흡한 점이 있다면 모두 역자의 책임이다. 부족한 점이나 착오에 대해서는 제현(諸賢)의 질정(叱正)을 기다린다.

방배우거(方背寓居)에서 조규백 삼가 쓰다
2011년 2월 28일

저자소개

주흥사(周興嗣)

『천자문』은 중국 남조(南朝)의 뛰어난 인물인 주흥사(周興嗣)에 의해서 만들어졌다. 주흥사(?~521)는 자(字)가 사찬(思纂)으로, 지금의 하남성 항성(項城) 사람이다. 조상은 일찍이 한(漢)나라 태자의 스승을 맡았으며, 가학의 소양이 두터웠다. 주흥사는 당시 문학으로 이름이 나서, 양 무제(梁 武帝) 소연(蕭衍)의 알아줌을 입어, 산기시랑(散騎侍郎)을 제수받고, 왕명을 받아 국사(國史)를 편찬하였으며, 문집 백여 권이 있다.

『천자문』은 원래 주흥사가 조서를 받아 편찬한 것으로 『차운왕희지서천자(次韻王羲之書千字)』이다. 이러한 사실은 『양서(梁書)』에 기록되었지만 간략하였는데, 다행이 송(宋)의 『태평광기(太平廣記)』에 비교적 상세히 기록되어, 『천자문』이 책으로 만들어진 과정을 전해주고 있다.

역주자(譯註者)소개

조규백(曺圭百)

호는 일암(一巖). 서울공고, 한국외국어대 중국어과를 졸업하고, 성균관대 중문과에서 석사 · 박사학위를 받았다. 대만대학(臺灣大學) 중문과 방문학인, 중국 복단대학(復旦大學) 중문과 박사후 연구원(한국학술진흥재단 지원), 중국 사천대학(四川大學) 고적연구소(古籍硏究所) 연구학자를 역임했다. 민족문화추진회(현 한국고전번역원) 국역연수원에서 중국고전을 배웠으며, 제주대, 제주산업정보대학, 성균관대의 강사와 제주관광대학의 교수를 역임했다. 현재는 한국외국어대, 숭실대에서 학부와 교육대학원의 강의를 맡고 있다.

■ 저역서

- 『사기세가(史記世家)(하)』(공역), 까치, 1994.
- 『중국의 문호 소동파(中國의 文豪 蘇東坡)』(역주), 도서출판 月印, 2001.
- 『제주관광중국어회화(上, 下)』(공저), 백산출판사, 2000.
- 『천자문주해(千字文註解 : 前) – 아들을 위한 천자문』, 백산출판사, 2002.
- 『역주 소동파산문선(譯註 蘇東坡散文選)』, 백산출판사, 2005.(2011년 수정판 발간)
- 『소동파사선(蘇東坡詞選)』(역주), 문학과 지성사, 2007.
- 『소동파시선집(蘇東坡詩選集)上 – 텅 비니 만 가지 경지가 다 담기네』, 學古房, 2010.
- 『당시삼백수정선(唐詩三百首精選)』, 學古房, 2010.

■ 논문

- 「蘇軾詩硏究」(박사논문)
- 「『詩經 · 鄭風』 愛情詩 小考」
- 「출사와 은퇴 간의 갈등과 그 해소 – 蘇軾詩의 한 단면」
- 「陶淵明시에의 동일화 양상과 陶詩의 창조적 수용 – 蘇軾詩의 한 단면」
- 「蘇軾詩에 나타난 현실세계와의 괴리와 그 해소」
- 「고려시대 문인의 蘇東坡 詩文 受容 및 그 의의(1)(2)」 등 다수가 있다.

이메일 주소 : sudongpo@hanmail.net

이들을 위한 천자문(後)

千字文註解

2011년 6월 10일 초판 인쇄
2011년 6월 15일 초판 발행

저 자 주 홍 사
역주자 조 규 백
발행인 (寅製) 진 욱 상

발행처 백산출판사
서울시 성북구 정릉3동 653-40
등록 : 1974. 1. 9. 제 1-72호
전화 : 914-1621, 917-6240
FAX : 912-4438
http://www.ibaeksan.kr
editbsp@naver.com

값 14,000원
ISBN 978-89-6183-482-7